FEDERICA ZOTTI

MIDORI

The camellia girl "Can an innocent little girl survive in a world of monsters?"

MAGÜTT PUBLISHING

×

PHROOM PLATFORM

Magütt / Art and Visual Culture

N. 2

Directed by Bruno Muzzolini

SCIENTIFIC COMMITTEE
Armando Bruno (Politecnico di Milano, SPD Scuola Politecnica di Design, Tongji University_Shanghai); Giangiacomo Cirla (Director Banquet Gallery, Phroom Platform); Matteo Cremonesi (NABA Nuova Accademia di Belle Arti); Victoria Ferrari (Università degli studi di Genova); Alessandro Ferraro (Università degli studi di Genova); Mauro Folci (Accademia di Belle Arti di Brera); Roberto Galeotti (Accademia di Belle Arti di Brera); Iva Kontic (Accademia di Belle Arti di Venezia); Leo Lecci (Università degli studi di Genova); Bruno Muzzolini (Accademia di Belle Arti di Brera).

INDICE

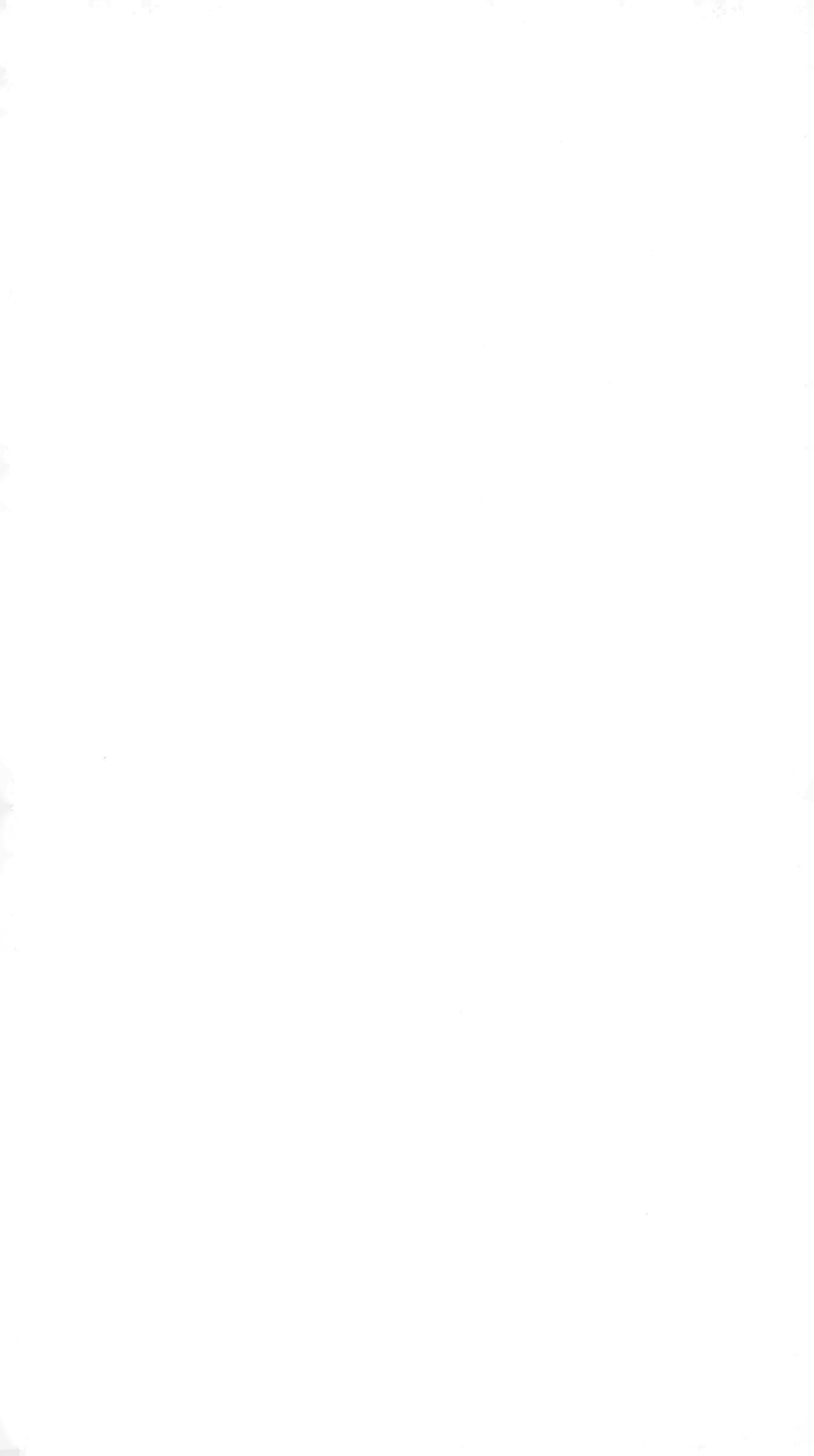

The texts collected in this publication first appeared on the Visual culture research platform Phroom Platform between 2019 and 2022.
In collaboration with Phroom Platform, we republish here a collection of them. Where the authors have considered it necessary, some corrections or additions have been made to the original text.

I testi raccolti in questa pubblicazione sono apparsi per la prima volta sulla piattaforma di ricerca di Visual culture Phroom Platform nel corso di un periodo che va dal 2019 al 2022.
In collaborazione con Phroom Platform ne riproponiamo qui una raccolta. Qualora gli autori lo abbiano ritenuto necessario è stata effettuata qualche correzione o ampliamento del testo originale.

MIDORI, The camellia girl "Can an innocent little girl survive in a world of monsters?"

It's 1984 and Suehiro Maruo, then 28 years old and established in the world of ero-guro manga (a social-artistic movement mixing eroticism and macabre, bizarre, and sometimes nonsense elements) as one of its leading exponents, publishes his Midori, the Camellia Girl.
We are in the midst of the economic boom in Japan, in which the horror and erotic genres find more and more space, moving from home video to the traditional medium of manga.
Maruo, pursuing his representational vision without restriction or censorship, glimpses, in a society closed all under an extreme pressure to conformism, the most twisted and unspeakable elements of human nature.Already in the 1920s in Japan there is a widespread predisposition toward the study and portrayal of the "dark sides of modernity", particular attention is given to the sphere of sexuality, the investigation of "deviant" behaviors, and medical psychology (many references were conditioned by Ebing's[1] studies in Europe). - Frequently found is the term Ryōki, by which the curious, the strange, and the unusual were defined.
Eroticism, mystery and crime are delineated in great detail in literature and beyond, horror elements that in turn have roots as far back as the Edo[2] period, in which we often find the presence of tales and depictions of demons and deformed beings.
In fact, Maruo's training is, as he himself states, influenced by the incisive depictions of violence by ukiyo-e[3] masters of the caliber of Tsukiyoka Yoshitoshi; among which it is worth mentioning Eimei nijûhasshûku (Twenty-eight Famous Murders with Poetry, 1867), a series of Muzan-e[4] ("bloody") prints, featuring gory scenes such as murder, torture, mutilation, suicide and acts of violence.
What Maruo (and many of his contemporaries such as Toshio Saeki) runs through is nothing more than the murky substratum of society, the shining projection of impure desires, deepest fears, and our tension towards them;

a scenario handed down to him both by the breaking of sexual taboos in the 1970s and, especially, by folklore.

The embryo of Midori already exists, in fact, in the art of Kamishibai[5] (lit. "drama on paper"), a form of storytelling that originated in Buddhist temples in 12th-century Japan, where monks used to use scrolls to narrate to a mainly illiterate audience stories endowed with moral teachings. "The Camellia Girl", in fact, already exists as a stereotypical character in many of these tales (and also, in a different version, in Dumas's novel in France), besides being continually reiterated in the generic figure of the "orphan infant", peculiar in the periods following the World Wars, from which numerous manga and anime that have become cults also overseas get their inspiration.

Suehiro Maruo transposes the traditional subject; he moulds its paste, now visually recalling masterpieces such as Todd Browning's Freaks, and shifts it to decadent, dramatic and corrupt nightmare.

Midori is a young girl orphaned by her father, and soon also by her mother, who starts selling flowers on street corners to survive.

After being approached and persuaded to join Mr. Arashi's circus, for Midori begins an endless nightmare of physical and psychological violence and abuse, perpetrated by the ambiguous and perverse members of the same circus. In an attempt to escape the ferocity of the reality around her, the protagonist often takes refuge in hallucinated fantasies.

The first "song" (that is how the three chapters into which the story is divided are called) with the subtitle "Patience and submission" leaves room for the following one, "A dwarf emerges from the dark", in which Midori's unhappy present seems to change when the magician Wonder Masamitsu appears, who, thanks to his "Western-style" Illusionism trick lifts the fortunes of the circus long since broke.

Masamitsu takes the protagonist under his arm, who is protected from the freaks' vexations by becoming his assistant and, soon, his lover and wife.

At this point Midori, temporarily saved from the constant harassments, gets to experience the imperceptible changes from child to teenager, a shy vanity hovers faintly

and along with it, an impulse to rebel. When she is offered a job opportunity in the film industry by an outsider director, Masamitsu reveals his morbid and oppressive nature (which was already on display), denying her freedom and forbidding her to leave.
In the final "song", entitled "Under the cherry blossom", Midori, exhausted and once again trusting the magician's care for her, decides to rely on him and to go, together, toward a new destiny. While they are waiting for the bus Masamitsu goes to buy food and is mortally wounded. The protagonist in her desperate search for her husband is overwhelmed by an endless stream of nightmares, reminiscences and visions and eventually, she remains alone.Only three years after the release of the manga, Hiroshi Harada, then a young animator and producer, began working on Shôjo Tsubaki: Chika Gentô Gekiga, the film adaptation of Midori. Harada works on it alone, for five years, and there are widespread theories claiming that no one wanted to collaborate on the film's production because of its gore and morbid drift.From the very beginning of the film we are plunged into a tableaux vivant of deformed bodies, anthropomorphic monsters and spirits, and by a series of mottos, which anticipate and declaim its prerogatives:

Dog boiled in the cauldron of hell!
Monster child in many-hued swaddling clothes!
Severed head boiled with bulrushes!
Blood spurts from the bulwark!
Basin-cut, toy-box overturned!
Juggler's Balls enclosing lullabies!
Mother mourned, balls torn apart!
It's the belt of the daughter that cannot marry!
Butterfly pattern, threads of gold and silver!
Cat's head when the bird turns around!
Bells on a torn mouth!
Iris and spinning eyes locked into the barn!

As the minutes pass, we find ourselves coming to terms with the portents of what will be a story of despair and madness. Indeed, among the first scenes showing Midori is the death of her mother, who is found by the girl herself in bed as her rotting body is eaten by rats.
While in Maruo's manga we get a sense of the unhealthiness of events and the fate of the little girl through the actual unfolding of events, in the film adaptation every element participates in the agonizing and obscene rendering of the story.
In the drawing indeed, sinuous and sharp, the impression is almost that of being provided with the possibility of remaining outside the picture. The truth appears more distant, lingering in the representation of a nightmare, in which the protagonist could potentially escape. The marking delimits the beginning and the end.
In the film, instead, the presence of voices, J.A. Seazer's charming and atavistic score, and the choice to use, at the film's genesis, the sound of two pieces of wood banging together, the same one used by storytellers at the beginning of the Kamishibai play, collaborate to make the plot even more suffocating. And then the paste of the film, the less defined graphic lines than those of the manga, its apocalyptic purple-yellow colors, the continuous transposition of Maruo's rotting images.
It seems that every element of the film's ensemble (both intentional and unintentional) was purposely created to maintain a state of anguish in the viewer; the sometimes approximate and mechanical quality of the animations, the sudden stopping of the music, the technical flaws and cuts that we know have been lost (due to censorship), the sense of impossibility of action and redemption as the frames proceed; all of these participate in the disturbing, and magnetic, aura of this film.
Here as well as in Maruo's version everything is surrealism, magic, atrocious hallucination.
There is no hope, no salvation; only degradation, starvation, misery. Interminable sadism, vomiting and eating itself again. The image of "eternal return" is made explicit by both Maruo[6] (Midori is a prisoner - of her mind, of the world, of violence) and Harada, in the final sequences

of the film, when it seems that the girl has finally found some peace, but suddenly the scenery changes and she finds herself running in search of the magician traveling the same route again and again, always encountering the same images, the same places, finding her persecutors, in a potentially endless vortex that is only interrupted by the last scene, in which she finds herself alone, in an empty, white world, in which all she can do is scream.

Midori's grim atmosphere, its spectacularization of atrocities, is reminiscent on one side of Misemono[7], and on the other, not going too far, of the famous website Rotten.com[8]; the monstrosity does not cease to be interesting, in an historical moment in time that sees fighting the most represented war ever, in which every single individual produces a morbid evidence of the pornography of pain that contorts and attracts us to it.

Notes

1 Richard von Krafft-Ebing. German psychiatrist and neurologist famous for his work "Psychopathia sexualis"(1886), representing the first attempt of "encyclopedic" study of deviant considered sexual behaviors in which about 500 clinical cases are analyzed. From his studies, various "degenerations" were identified, such as fetishism, sadism, masochism, compulsive masturbation, exhibitionism, voyeurism, frotteurism, nymphomania, gerontophilia, pedophilia, and zoophilia. Ebing, referring to Charles Darwin's evolutionary theories, wanted to show how the various forms of eroticism not intended for procreation were to be blamed on a degeneration of the human brain.

2 Also known as Tokugawa period (1603-1868), denotes that phase of Japan's history in which the Tokugawa family held through the military rule of the Shōgun the ultimate power in the country. This historical phase is named after the capital city of Edo, the Shōgun's residence, which was renamed Tokyo in 1869.

3 Genre of art print printed on paper, usually with wooden matrices, originated in Japan around 1600. The term can be translated as "images of the floating world" meaning the bustling, chaotic world of large cities in the Edo period. The fact that ukiyo-e were reproducible at low cost meant that they became a mass-produced product designed for people who could not afford paintings. What was actually depicted on the prints were scenes from the life of the city and neighborhoods: courtesans, sumo wrestlers and actors portrayed as they were performing their work, but also landscapes; while political subjects or those of social classes other than the lower ones hardly ever appeared. As for sex, this did not represent a real theme of its own, although it often appeared in reproductions by artists who produced sexually explicit prints (which were called Shunga).

4 These prints depicted, both in the climax and in the immediate aftermath, both news events and plots from Kabuki theater.

5 The Kamishibai technique experienced a rebirth in the years between 1920 and 1950, probably due to the Great Depression of the 1920s. It represented a chance for the many unemployed, many of whom used to lend their voices in silent movie theaters, to secure employment even after the advent of sound cinema. The narrator would travel from one village to another on a bicycle and use tapping two pieces of wood connected by a cable to announce his arrival in the villages. Once the audience rushed in, the storyteller would begin to tell his stories using a set of wooden boards on which the various passages of the story were drawn.

6 On the final page, like an oracle, a small Buddha appears with a swastika on his forehead.

7 Widespread events also held in the Edo period that were meant to satisfy the appetite for deformity in popular entertainment. These were displays of medical oddities, wonder fairs that included animal fights, anatomical dolls, acrobat shows, people with strong abnormalities, monsters, and so on.

8 Rotten.com used to be a website famous for its shocking content, whose motto was "An archive of disturbing illustration". The intention of the creators was to satisfy the curiosity of those searching for photographs of deformities, accidents, murders, autopsies, sexual perversions, and other kinds of sickening iconography. Launched in 1996 and inactive since 2017, curiously one year after the release of a new film adaptation of Midori (this time it was a live action directed by Torico in which of the original work remains mostly a vague formal quest).

MIDORI, la ragazza delle camelie.“Può sopravvivere una ragazzina innocente in un mondo di mostri?”

È il 1984 e Suehiro Maruo, allora ventottenne affermatosi nel mondo del manga ero-guro (una corrente artistico-sociale miscelante erotismo ed elementi macabri, bizzarri e talvolta privi di senso) come uno dei suoi massimi esponenti, pubblica il suo Midori, la ragazza delle Camelie. Siamo nel bel mezzo del boom economico in Giappone, nel quale i generi horror ed erotico trovano sempre più spazio, passando dall'home video al medium tradizionale del manga.
Maruo, inseguendo la sua visione rappresentativa senza restrizioni o censure, intravede, in una società chiusa tutta sotto una estrema pressione al conformismo, gli elementi più contorti ed indicibili della natura umana.
Già negli anni venti del Novecento in Giappone vi è una predisposizione diffusa verso lo studio e la rappresentazione dei "lati oscuri della modernità", particolare attenzione viene data alla sfera della sessualità, all'indagine dei comportamenti "devianti" e alla psicologia medica (molti riferimenti erano condizionati dagli studi di Ebing[1] in Europa). Frequente si ritrova il termine Ryōki, con cui veniva definito il curioso, lo strano e l'inusuale.
Erotismo, mistero e crimini vengono delineati con dovizia di particolari in letteratura e non solo, elementi orrorifici che a loro volta hanno radici sin dal periodo Edo[2], nel quale ritroviamo sovente la presenza di racconti e raffigurazioni di demoni ed esseri deformi.
La formazione di Maruo infatti è, come lui stesso dichiara, influenzata dalle raffigurazioni icastiche di violenza di maestri dell'ukiyo-e[3] del calibro di Tsukiyoka Yoshitoshi; tra le quali è doveroso citare *Eimei nijûhasshûku* (Ventotto omicidi famosi con poesia, 1867), serie di stampe Muzan-e[4] ("insanguinate") , raffiguranti scene cruente come omicidi, torture, mutilazioni, suicidi e atti di violenza.
Quel che attraversa Maruo (e molti altri suoi contemporanei come Toshio Saeki), altro non è che il torbido sottostrato della società, la fulgida proiezione dei desideri impuri, delle paure più profonde e la nostra tensione verso di esse;

scenario che gli viene tramandato sia dalla rottura dei tabù sessuali degli anni settanta che, e soprattutto, dal folklore. L'embrione di Midori esiste già, in effetti, nell'arte dei "Kamishibai"[5] (lett. "dramma su carta"), una forma di narrazione che ha avuto origine nei templi buddisti del Giappone del XII secolo, dove i monaci solevano utilizzare pergamene per narrare ad un pubblico, principalmente analfabeta, storie dotate di insegnamenti morali.

"La ragazza delle Camelie", infatti, è già presente come personaggio stereotipato in molti di questi racconti (e anche, in versione differente, nel romanzo di Dumas in Francia), oltre a venire continuamente reiterata nella figura generica dell' "infante orfano", peculiare nei periodi seguenti le guerre mondiali, da cui prendono spunti innumerevoli manga e anime divenuti *cult* anche oltreoceano.

Suehiro Maruo traspone il soggetto tradizionale; ne modella la pasta, che ora ricorda visivamente capolavori come Freaks di Todd Browning, e lo diverge a incubo decadente, drammatico e corrotto.

Midori è una ragazzina rimasta orfana da padre, e ben presto, anche da madre, che per sopravvivere inizia a vendere fiori agli angoli delle strade.

Dopo essere stata avvicinata e convinta ad entrare a far parte del circo del signor Arashi, per Midori inizia un incubo senza fine fatto di violenze e abusi fisici e psicologici, perpetrati dagli ambigui e perversi componenti dello stesso circo.

Nel tentativo di fuggire la ferocia della realtà che la circonda, la protagonista si rifugia spesso in fantasie allucinate.

La prima "canzone" (così vengono chiamati i tre capitoli in cui la storia è suddivisa) dal sottotitolo "Patience and submission" lascia spazio alla successiva, "A dwarf emerges from the dark" , nella quale l'infelice presente di Midori sembra mutare quando appare il mago Wonder Masamitsu, che, grazie al suo numero di illusionismo "all'occidentale" risolleva le sorti del circo ormai sul lastrico.

Masamitsu prende sottobraccio la protagonista che viene protetta dalle angherie dei *freaks* divenendo sua aiutante e, ben presto, sua amante e moglie.

A questo punto Midori, temporaneamente salva dalle continue vessazioni, ha modo di sperimentare le impercettibili variazioni da bambina ad adolescente, una timida vanità aleggia lieve ed insieme a questa, un impulso di ribellione. Quando le viene offerta una opportunità di lavoro nel mondo del cinema da un regista forestiero, Masamitsu svela la sua natura morbosa e opprimente (già manifesta), negandole la libertà e vietandole di andarsene.

Nella "canzone" finale, dal titolo "Under the cherry blossom" Midori, sfinita e ancora una volta fiduciosa delle cure che il mago ha nei suoi confronti, decide di affidarcisi e di andare, insieme, incontro ad un nuovo destino. Mentre sono in attesa dell'autobus Masamitsu si reca a comprare del cibo e viene ferito mortalmente. La protagonista, nella disperata ricerca del marito, viene travolta da un flusso infinito di incubi, reminiscenze e visioni e infine rimane sola.

Solamente tre anni dopo l'uscita del manga, Hiroshi Harada, allora giovane animatore e produttore, inizia a lavorare a "Shôjo Tsubaki: Chika Gentô Gekiga", l'adattamento cinematografico di Midori. Harada ci lavora da solo, per cinque anni, e sono diffuse le teorie secondo il quale nessuno avrebbe voluto collaborare alla produzione della pellicola, per la sua deriva gore e morbosa. Già dall'inizio del film veniamo precipitati in un *tableaux vivant* fatto di corpi deformi, mostri antropomorfi e spiriti, e da una serie di motti, che ne anticipano e declamano le prerogative:

Cane bollito nel calderone dell'inferno!
Bambino mostro in fasce multicolori!
Testa mozzata bollita con giunchi!
Il sangue zampilla dal baluardo!
Bacino tagliato, scatola di giocattoli rovesciata!
Palle di giocoliere che racchiudono ninnananne!
Madre in lutto, palle strappate!
È la cintura della figlia che non può sposarsi!
Disegno di farfalla, fili d'oro e d'argento!
Testa di gatto quando l'uccello si gira!
Campane su una bocca strappata!
Iris e occhi che girano chiusi nella stalla!

Col passare dei minuti ci ritroviamo a fare i conti con i presagi di quello che sarà una storia fatta di disperazione e follia. Tra le prime scene che mostrano Midori, infatti, vi è la morte della madre, che viene trovata dalla ragazza stessa nel letto mentre il suo corpo, in putrefazione, viene mangiato dai topi.

Mentre nel manga di Maruo cogliamo la malsanità degli eventi e delle sorti della bambina tramite l'effettivo svolgersi degli avvenimenti, nella trasposizione cinematografica ogni elemento partecipa alla resa straziante e oscena della storia.

Nel disegno infatti, sinuoso e tagliente, l'impressione è quasi quella di essere forniti della possibilità di rimanere al di fuori del quadro. La verità appare più lontana, permane nella rappresentazione di un incubo, nella quale la protagonista potrebbe in potenza fuggire. Il segno delimita l'inizio e la fine.

Nel film, al contrario, a rendere la trama ancora più asfissiante collaborano anzitutto la presenza delle voci, la colonna sonora score di J.A. Seazer, fascinosa e atavica e la scelta di utilizzare, alla genesi della pellicola, il suono di due pezzi di legno che sbattono tra di loro, lo stesso usato dai cantastorie all'inizio dello spettacolo teatrale del Kamishibai. E poi la pasta del film, le linee grafiche meno definite rispetto al manga, i suoi colori apocalittici giallo-violacei, la trasposizione in avvenire delle marcescenti immagini di Maruo.

Sembra che ogni elemento di insieme della pellicola (sia quelli volontari che quelli involontari) sia stato appositamente creato per mantenere nello spettatore uno stato d'angoscia; la qualità talvolta approssimativa e meccanica delle animazioni, l'improvviso arresto della musica, le falle tecniche e i tagli che sappiamo essere andati perduti (dovuti alla censura), il senso di impossibilità d'azione e redenzione, mentre i frame procedono; tutto questo partecipa all'alone disturbante, magnetico, di questa pellicola. Qui come anche nella versione di Maruo tutto è surrealismo, magia, allucinazione atroce.

Non esiste speranza, né salvezza; solo degrado, fame, miseria. Interminabile sadismo, che vomita e si rimangia. L'immagine dell' "eterno ritorno" viene resa esplicita sia da Maruo[6] (Midori è prigioniera - della sua mente, del mondo, della violenza) che da Harada, nelle sequenze finali del film, quando sembra che finalmente la ragazza abbia trovato un po' di pace, ma improvvisamente lo scenario cambia e lei si ritrova a correre in cerca del mago percorrendo sempre lo stesso tragitto, incontrando sempre le stesse immagini, gli stessi luoghi, ritrovando i suoi aguzzini, in un vortice potenzialmente infinito che viene interrotto solo dall'ultima scena, in cui lei si ritrova sola, in un mondo vuoto e bianco, in cui non può far altro che gridare.

L'atmosfera cupa di Midori, la sua spettacolarizzazione delle atrocità, ricorda da un lato i Misemono[7], dall'altro, senza andare troppo lontano, il celebre sito Rotten.com[8]; la mostruosità non cessa di essere interessante, in un momento storico che vede combattere la guerra più rappresentata di sempre, nella quale ogni singolo produce una morbosa evidenza della pornografia del dolore che ci conturba ed attira a sé.

Note

1 Richard von Krafft-Ebing. Psichiatra e neurologo tedesco famoso per la sua opera "Psychopathia sexualis"(1886), rappresentante il primo tentativo di studio "enciclopedico" dei comportamenti sessuali considerati devianti nel quale vengono analizzati circa 500 casi clinici. Dai suoi studi vennero identificate varie "degenerazioni", quali il feticismo, il sadismo, il masochismo, la masturbazione compulsiva, l'esibizionismo, il voyeurismo, il frotteurismo, la ninfomania, la gerontofilia, la pedofilia, la zoofilia. Ebing, rifacendosi alle teorie evoluzioniste di Charles Darwin, voleva dimostrare come le diverse forme di erotismo non destinate alla procreazione fossero da imputare a una degenerazione del cervello umano.

2 Noto anche come periodo Tokugawa (1603-1868) indica quella fase della storia del Giappone in cui la famiglia Tokugawa detenne attraverso il governo militare dello shōgun il massimo potere nel paese. Tale fase storica prende il nome dalla capitale Edo, sede dello shōgun, ribattezzata Tokyo nel 1869.

3 Genere di stampa artistica impressa su carta, generalmente con matrici di legno, nata in Giappone intorno al 1600. Il termine è traducibile con "immagini del mondo fluttuante" ovvero del mondo vivace e caotico delle grandi città del periodo Edo. Il fatto che gli ukiyo-e fossero riproducibili a basso costo fece sì che questi diventassero un prodotto di massa pensato per gli abitanti che non potevano permettersi dei dipinti. Quello che veniva rappresentato sulle stampe in effetti erano scene tratte dalla vita della città e dei quartieri: cortigiane, lottatori di sumo e attori ritratti mentre svolgevano il loro lavoro, ma anche paesaggi; mentre non apparvero quasi mai soggetti politici o di classi sociali all'infuori di quelle più basse. Per quanto riguarda il sesso, questo non rappresentava un vero tema a sé, anche se spesso compariva nelle riproduzioni di artisti che producevano stampe di carattere sessualmente esplicito (che venivano denominate shunga).

4 In queste stampe venivano rappresentati, sia nel momento di climax furioso che in quello immediatamente successivo, sia fatti di cronaca che trame presenti nel teatro Kabuki.

5 La tecnica del Kamishibai ha avuto una rinascita negli anni fra il 1920 e il 1950, probabilmente a causa della grande depressione degli anni '20. Essa rappresentava la possibilità per i tanti disoccupati, molti dei quali solevano prestare la loro voce nelle sale di cinema muto, di assicurarsi un lavoro anche dopo l'avvento del cinema sonoro. Il narratore si spostava da un villaggio all'altro in bicicletta ed utilizzava battere due pezzi di legno collegati da un cavo per annunciare il proprio arrivo nei villaggi. Una volta accorso il pubblico, il narratore iniziava a raccontare le proprie storie servendosi di un set di tavolette di legno sulle quali erano disegnati i vari passaggi della storia.

6 Nella pagina finale, come un oracolo, compare un piccolo Buddha con una svastica sulla fronte.

7 Eventi diffusi sempre nel periodo Edo, che avevano il compito di soddisfare il gusto della deformità nell'intrattenimento popolare. Essi erano esposizioni di bizzarrie mediche, fiere delle meraviglie che comprendevano combattimenti fra animali, bambole anatomiche, spettacoli di acrobati, persone affette da forti anomalie, mostri e via dicendo.

8 Rotten.com è stato un sito web famoso per i suoi contenuti scioccanti, il cui motto era "An archive of disturbing illustration". L'intenzione dei creatori era di soddisfare la curiosità di coloro che ricercavano fotografie di deformità, incidenti, omicidi, autopsie, perversioni sessuali e altri generi di iconografie morbose. Lanciato nel 1996 e inattivo dal 2017, curiosamente un anno dopo l'uscita di una nuova rappresentazione cinematografica di Midori (questa volta si trattava di un live action diretto da Torico in cui dell'opera originale rimane più che altro una vaga ricerca formale).

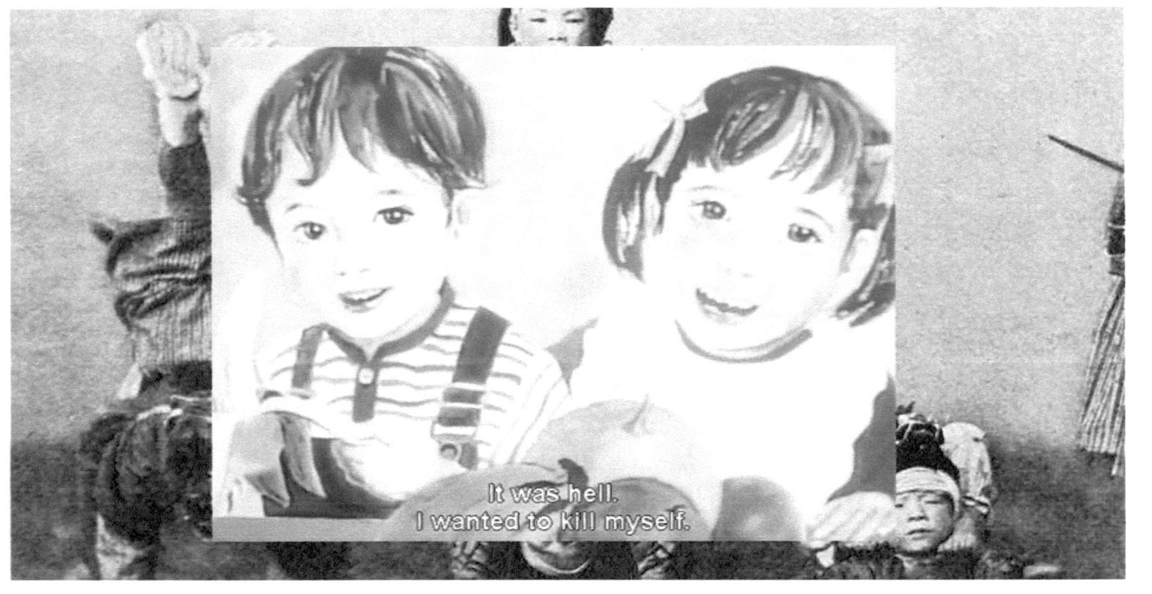

It was hell.
I wanted to kill myself.

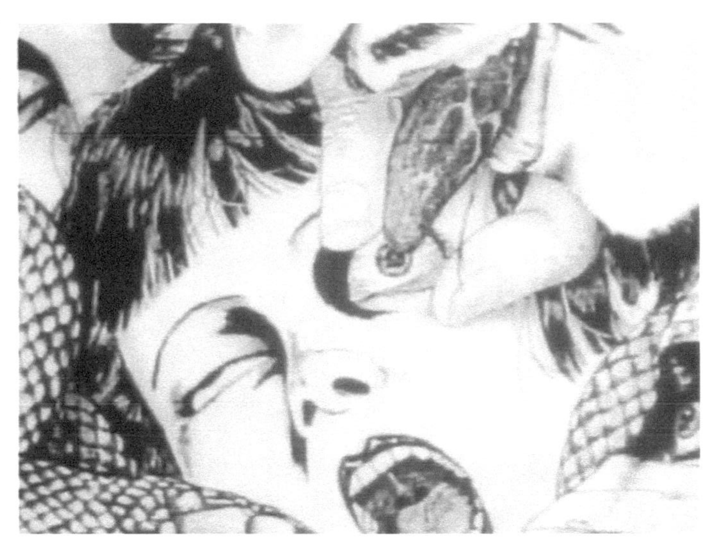

VATTENE VIA!
TUTTA SOLA?
INSIEME A NOI?
AHHH!

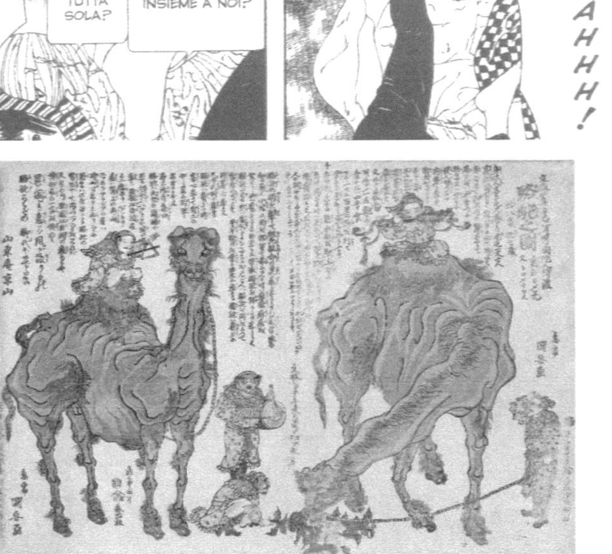

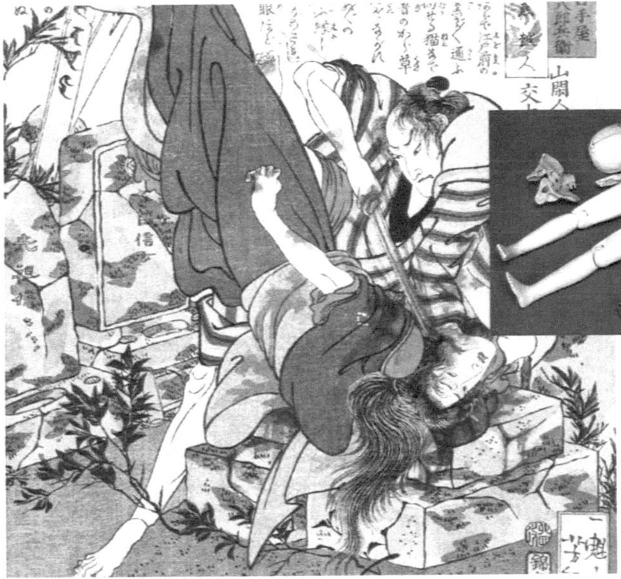

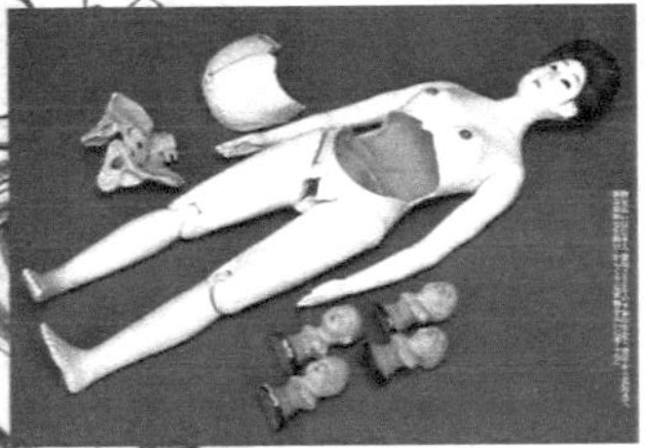

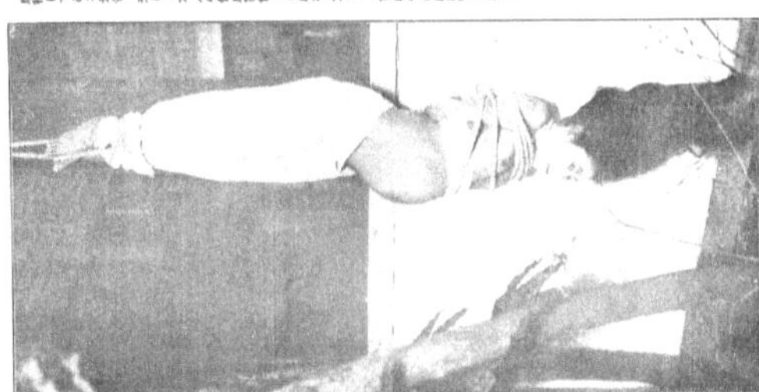

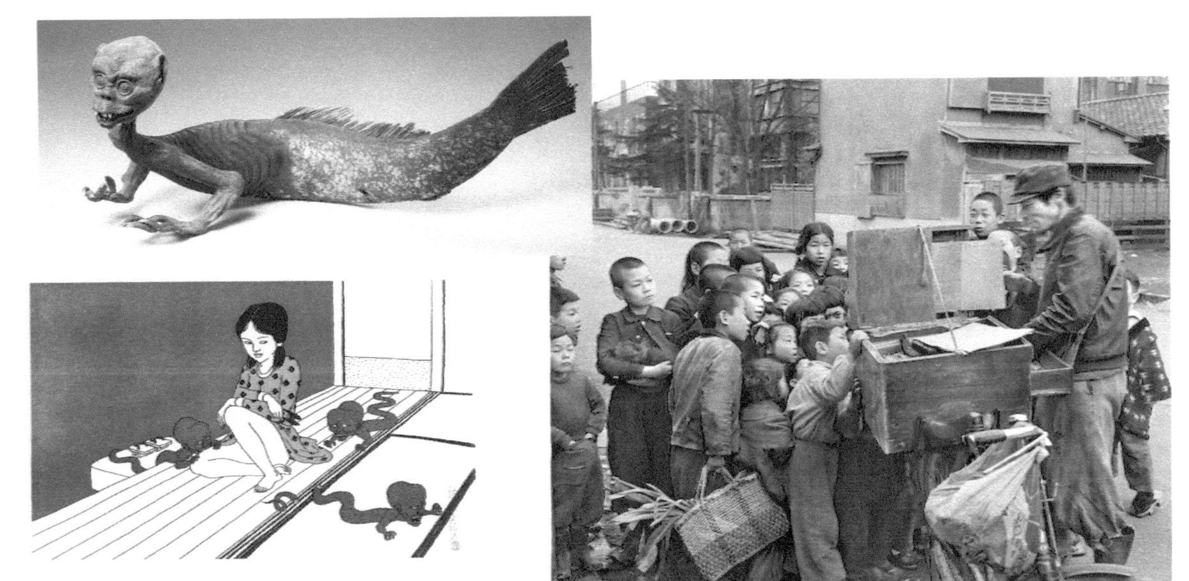

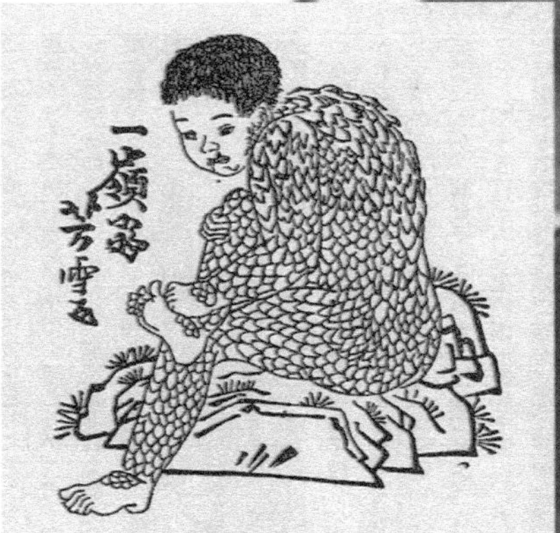

「蛇ノ小僧捕索」所載

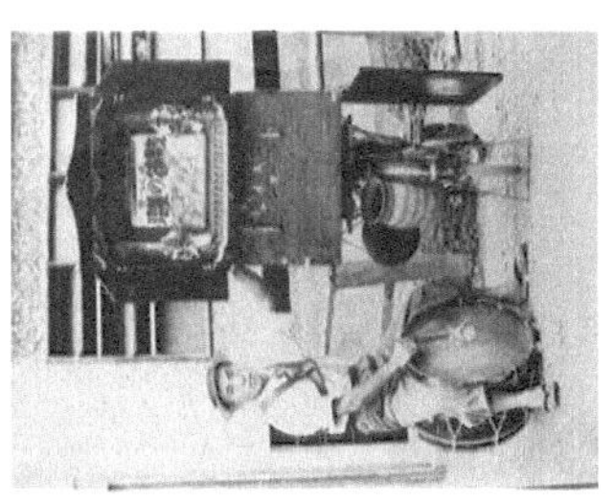

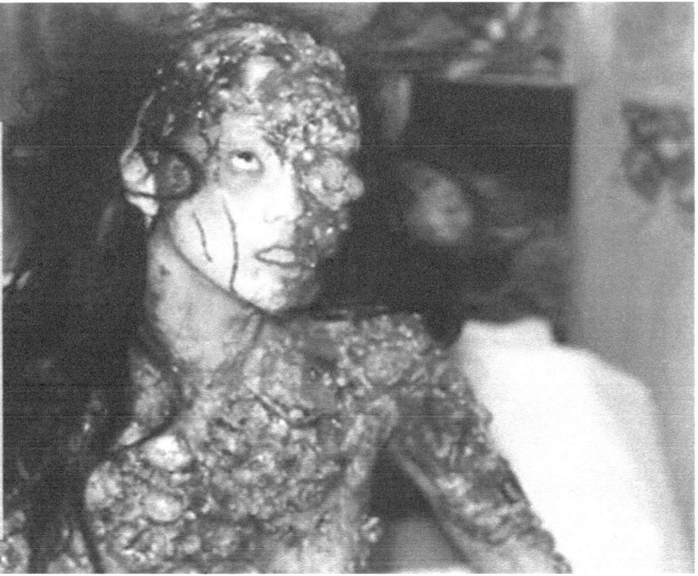

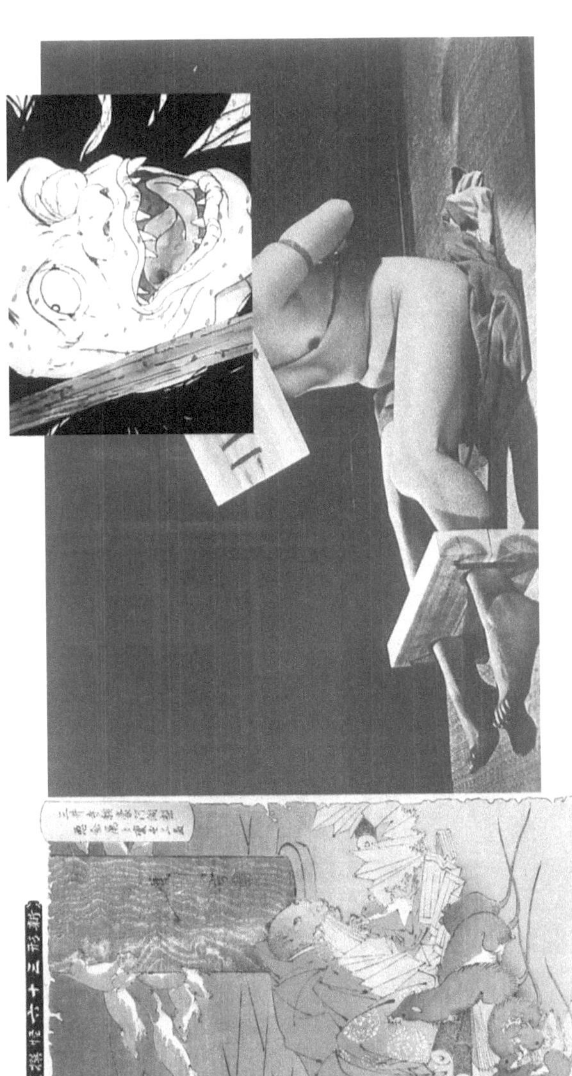

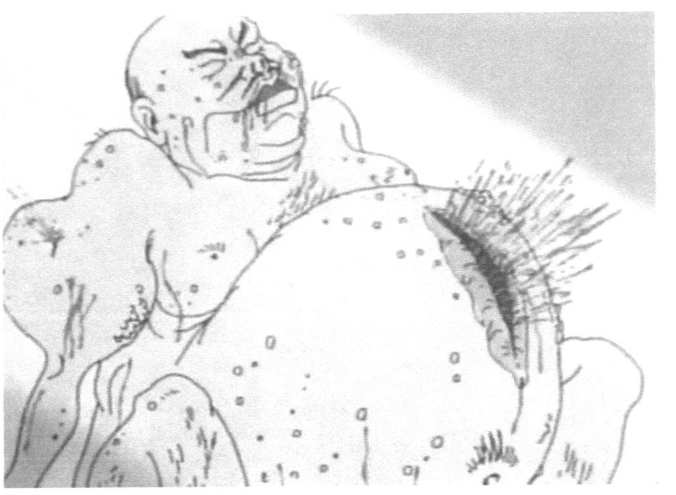

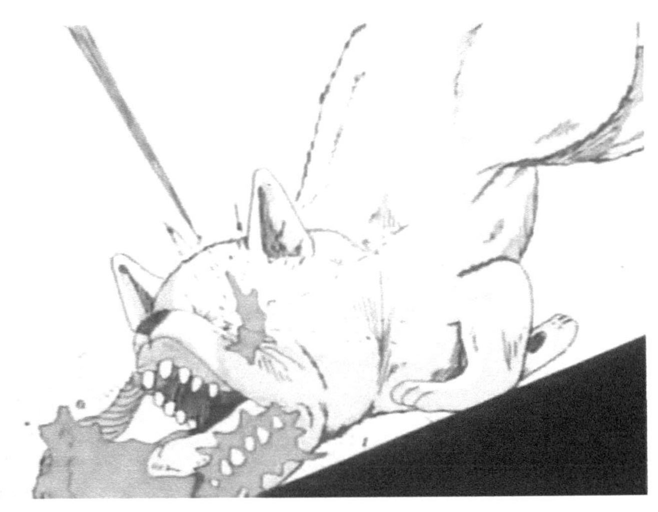

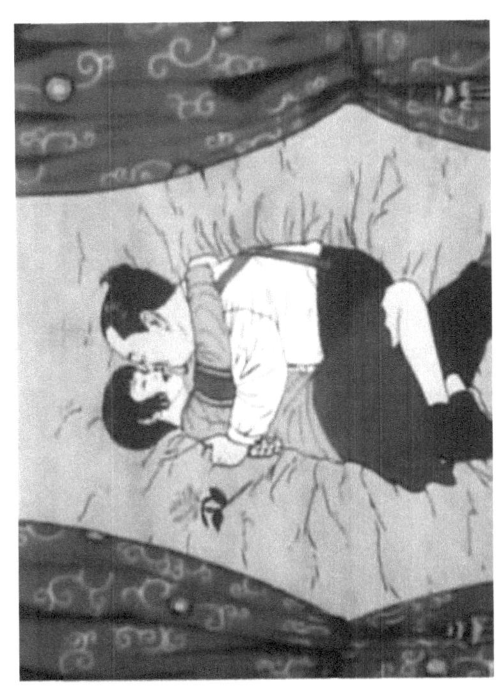

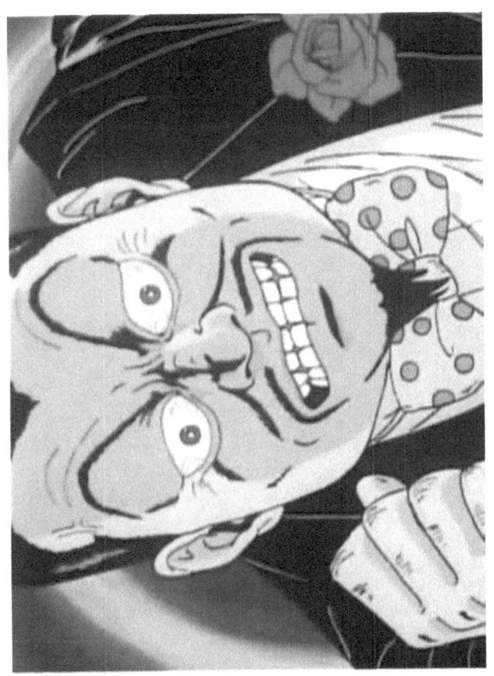

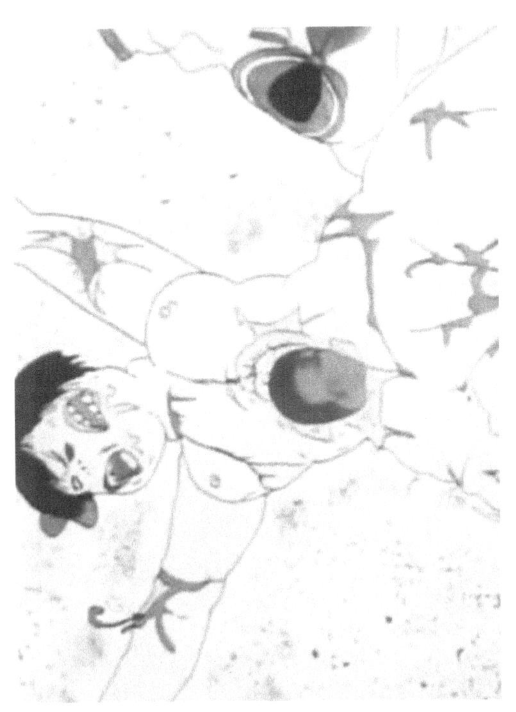

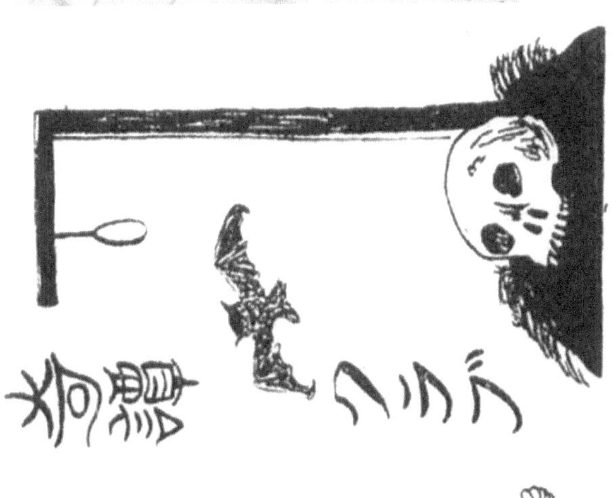

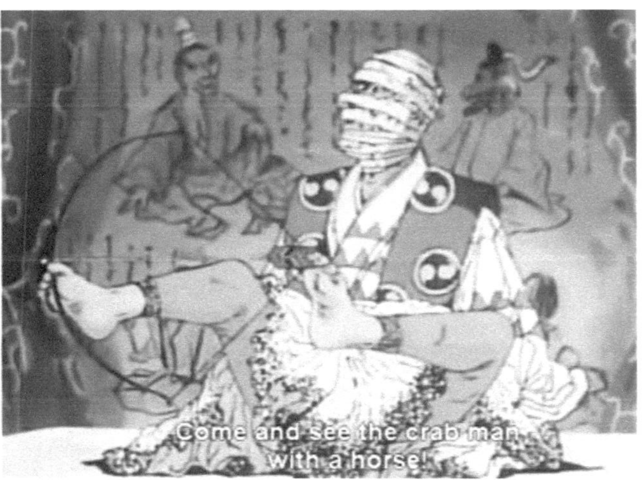
Come and see the crab man
with a horse!

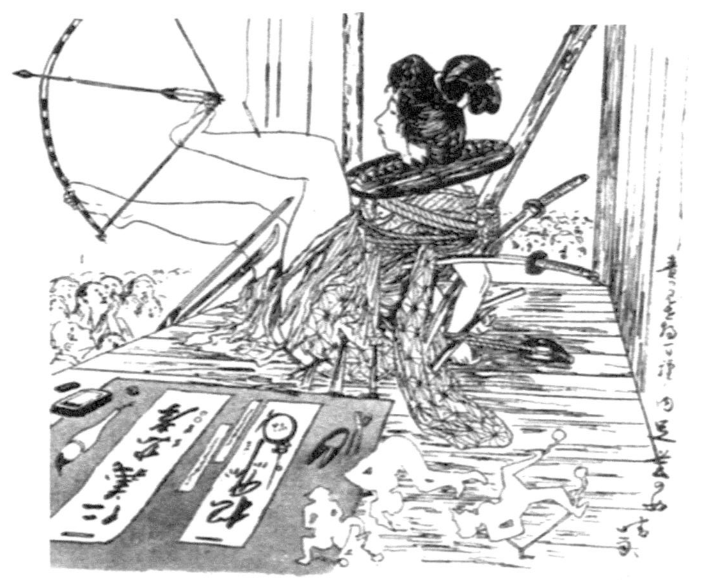

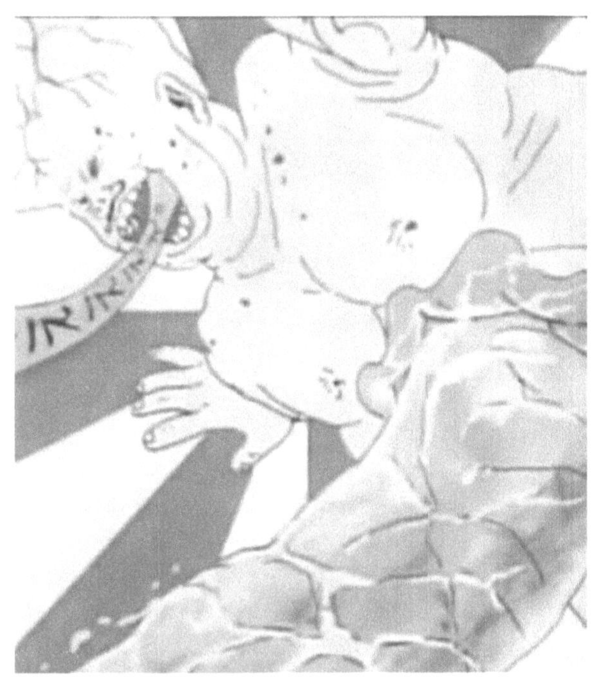

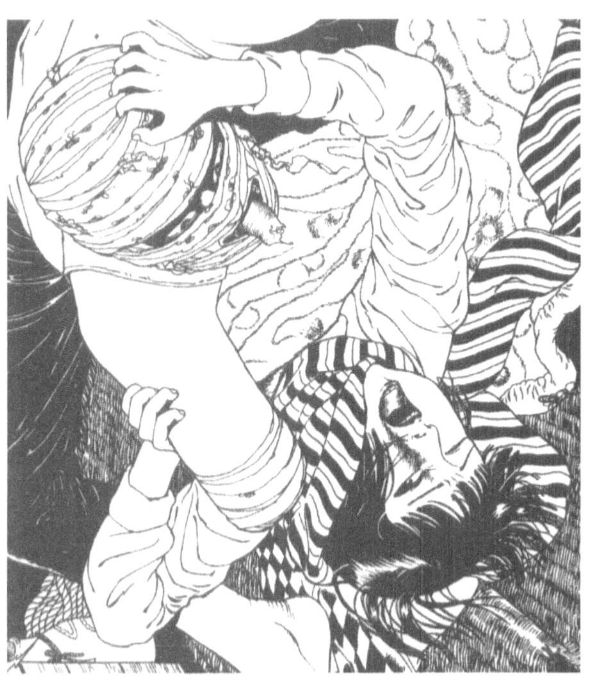

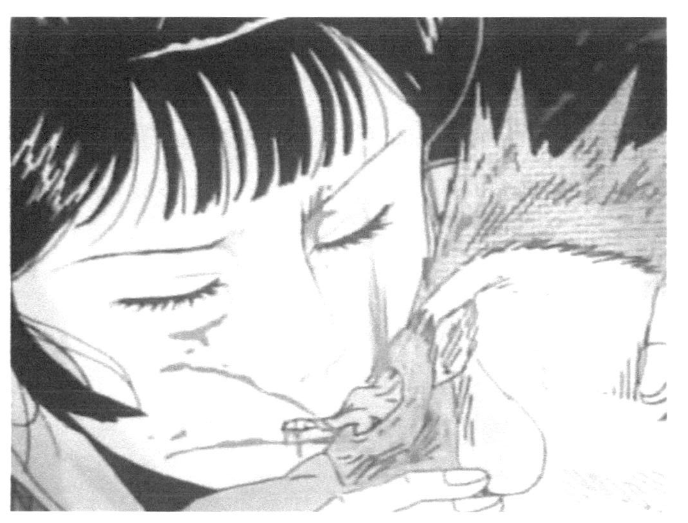

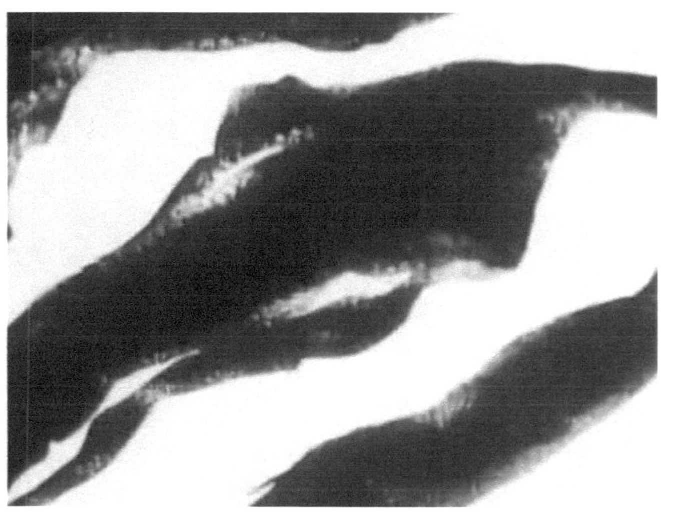

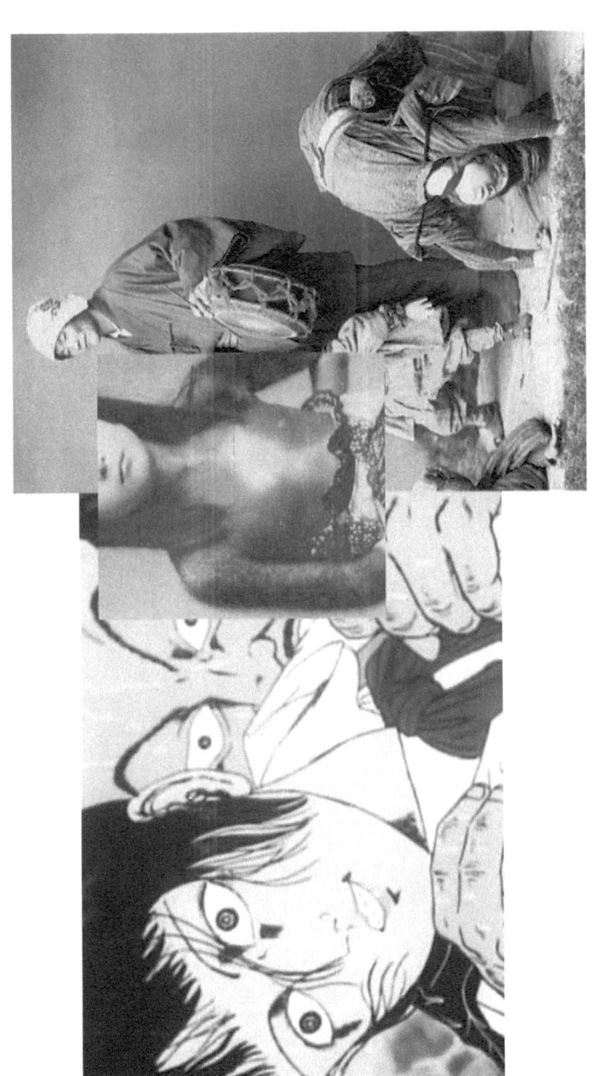

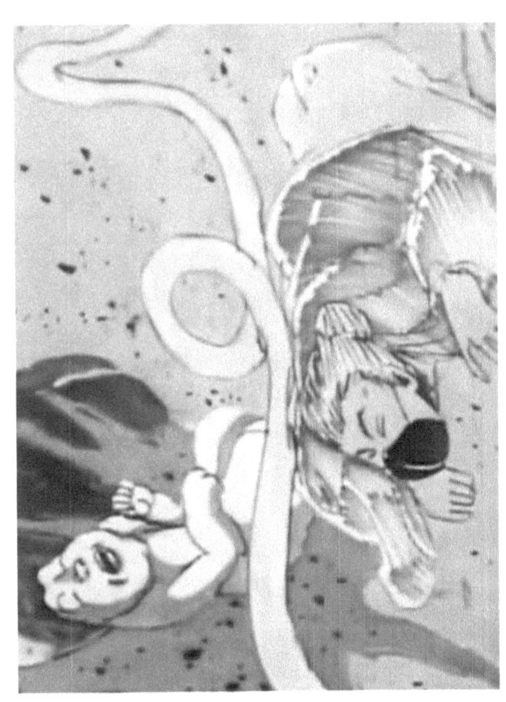

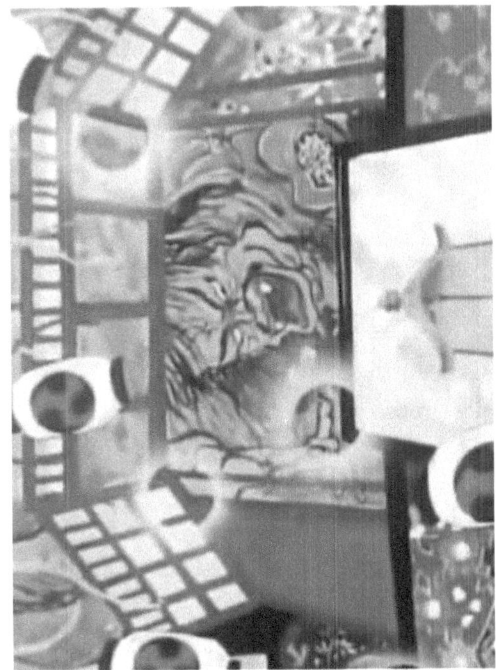

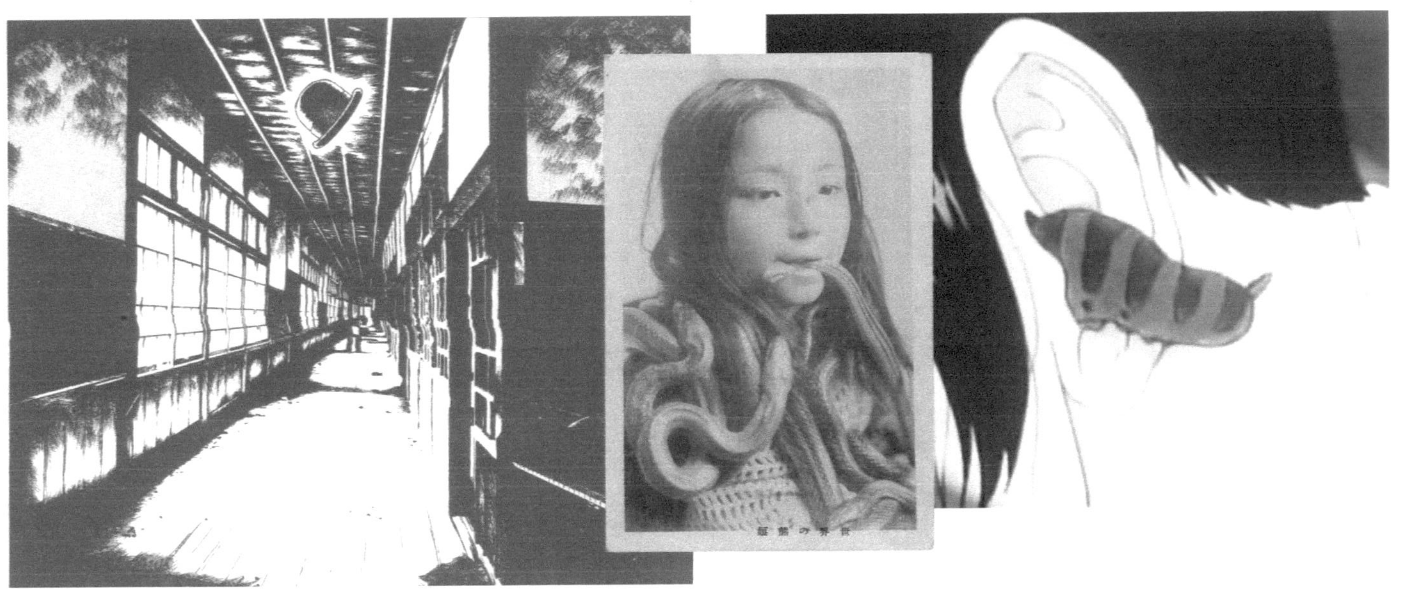

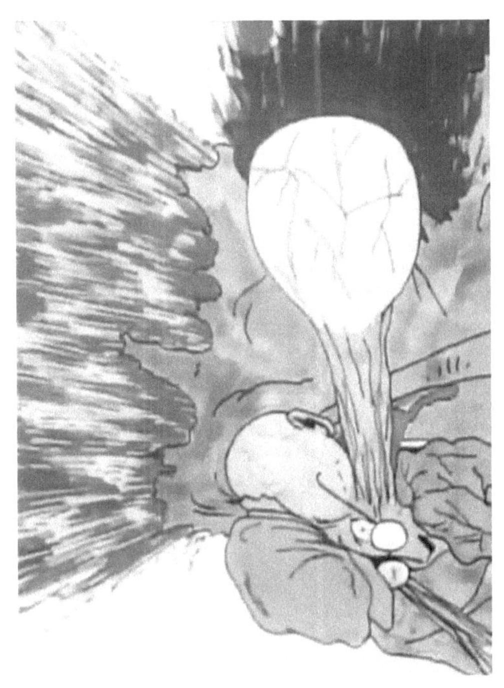

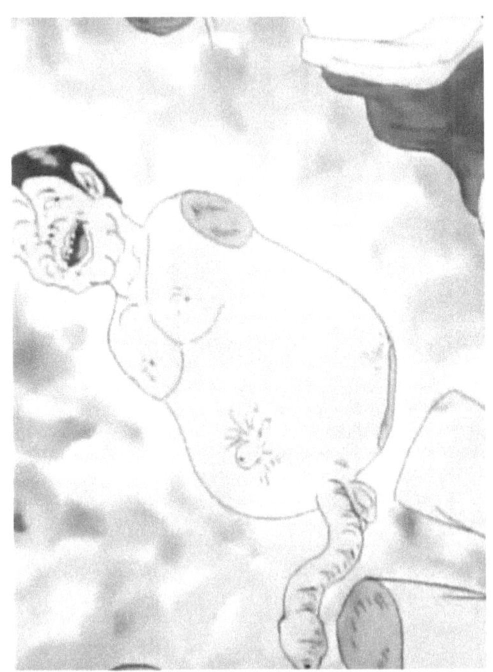

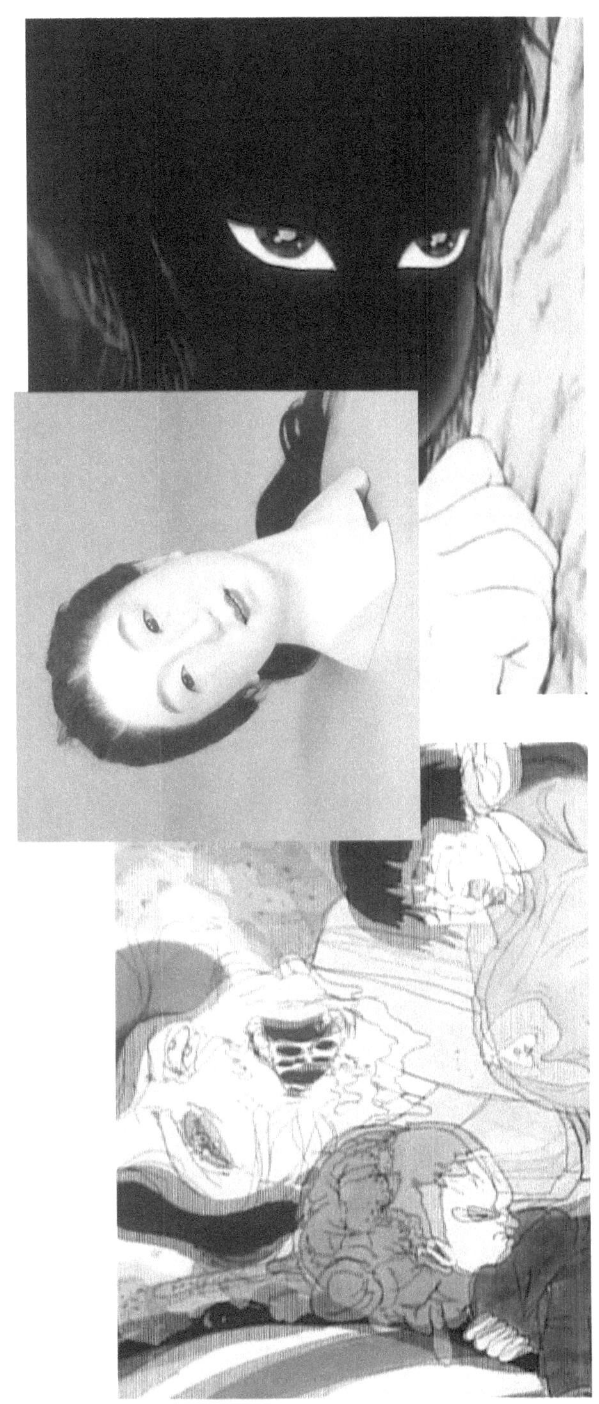

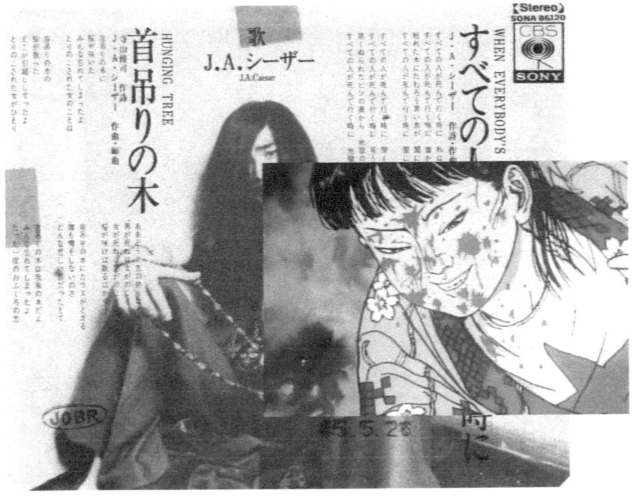
Stereo
SONA 86120
CBS SONY
WHEN EVERYBODY'S
すべての―
歌　J.A.シーザー　J.A.Caesar
HUNGING TREE
首吊りの木
JOBR
'85.5.26

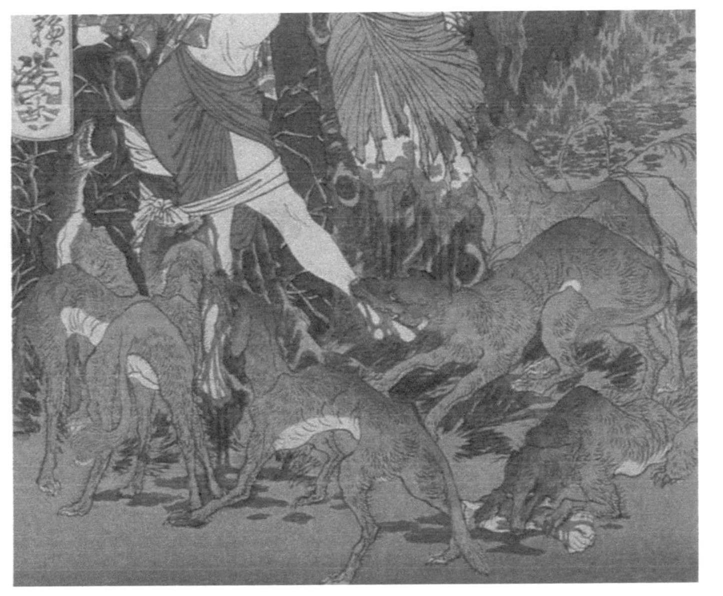

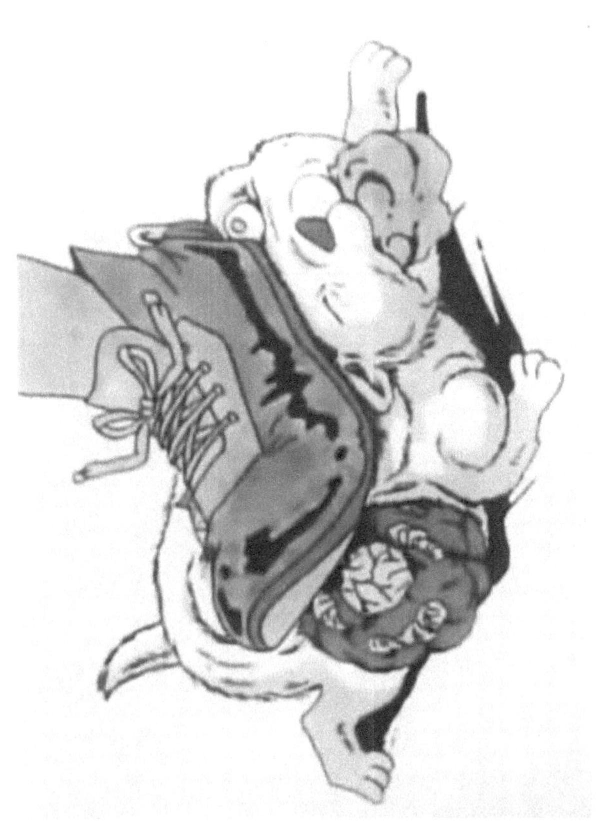

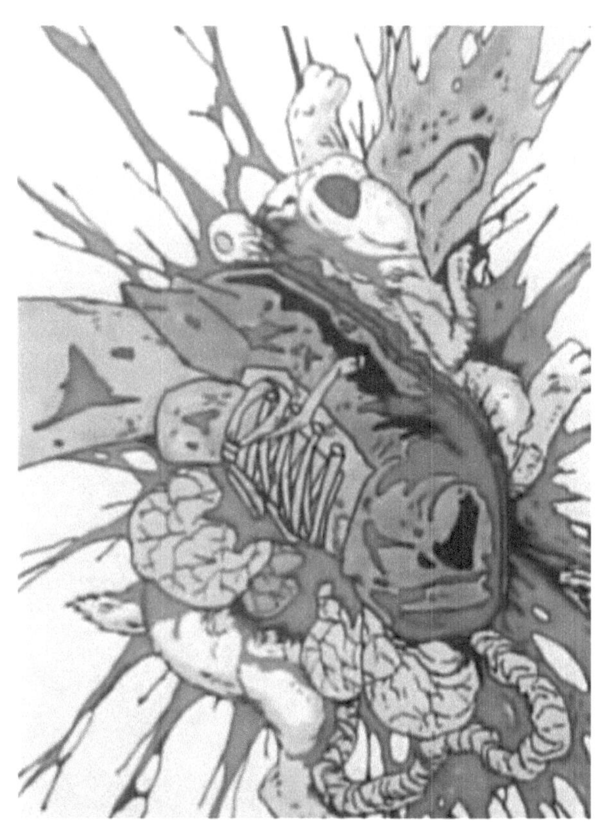

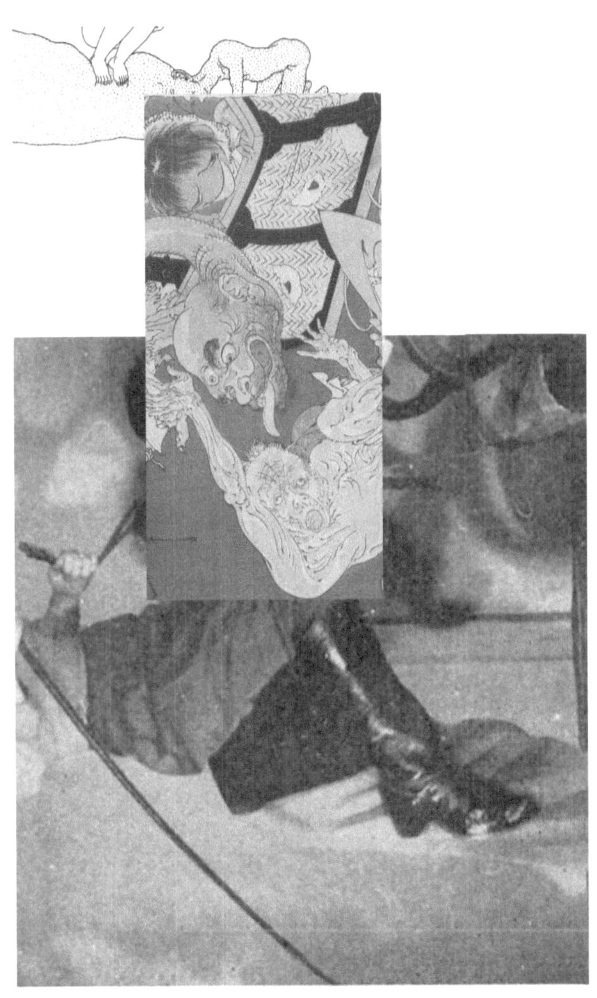

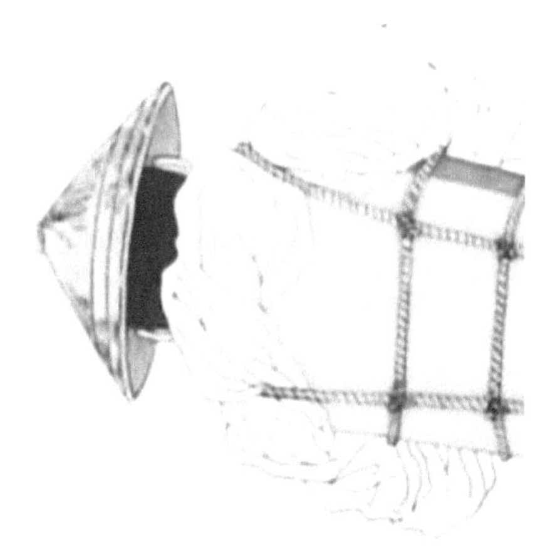

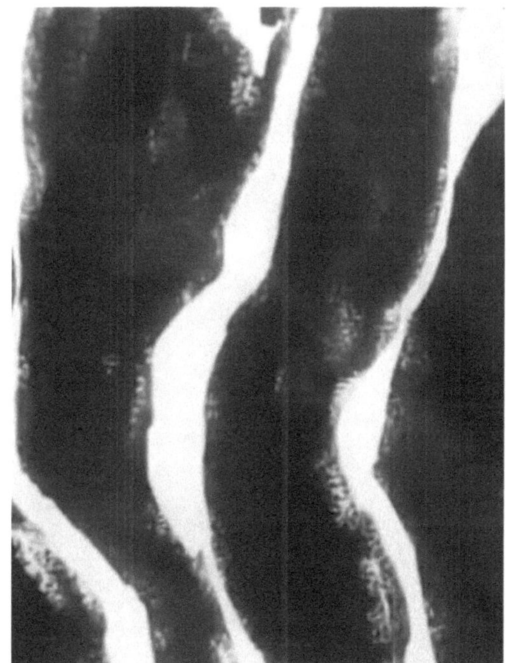

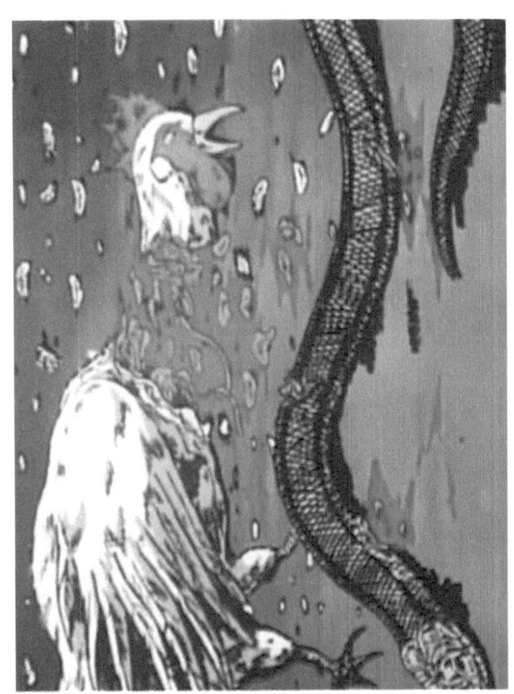

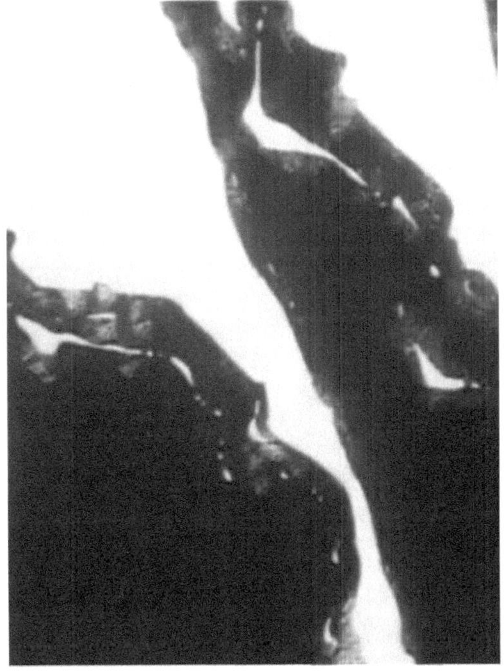

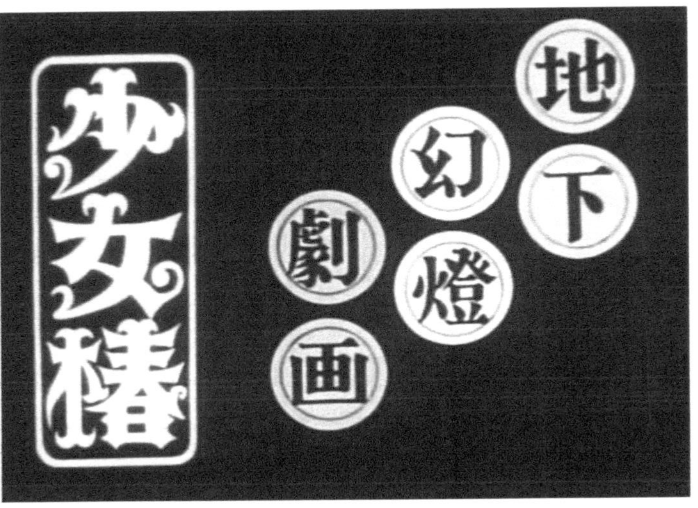
少女椿
地下幻燈劇画

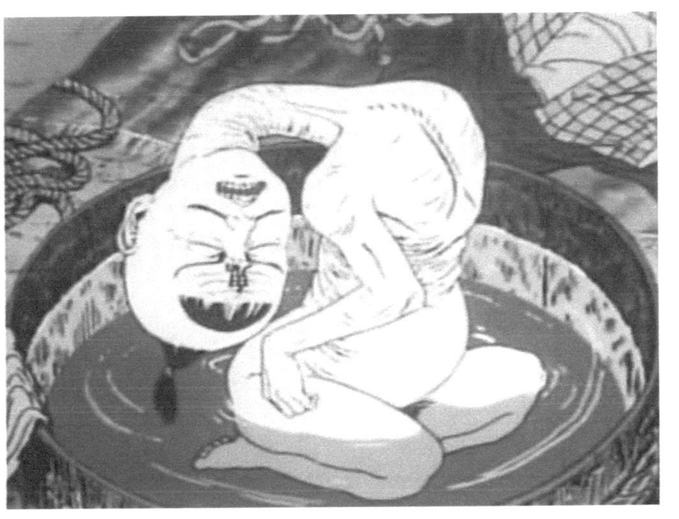

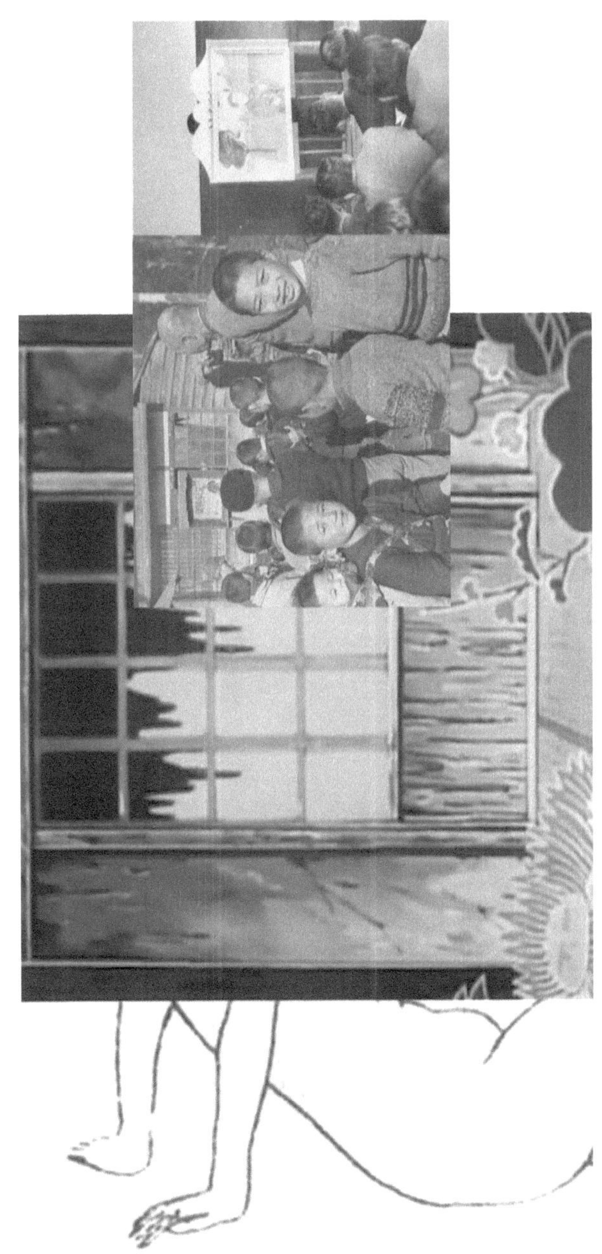

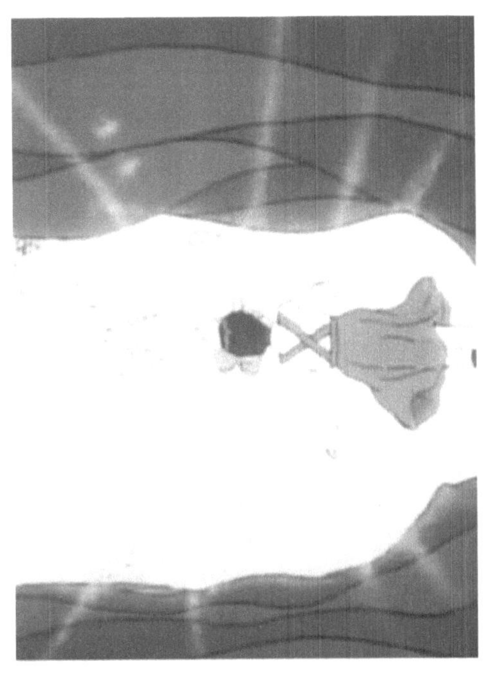

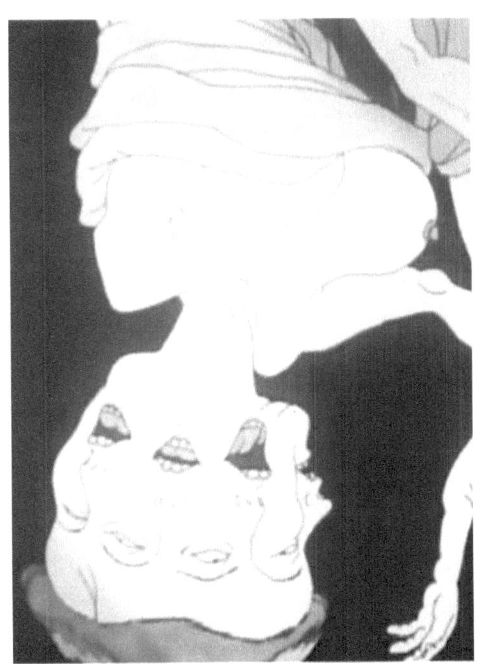

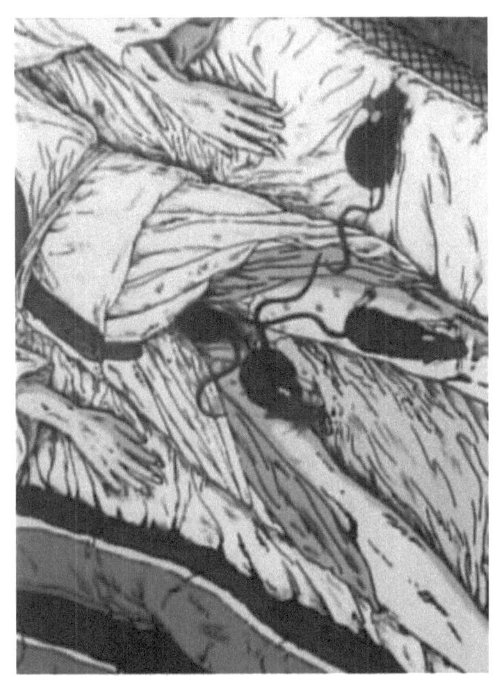

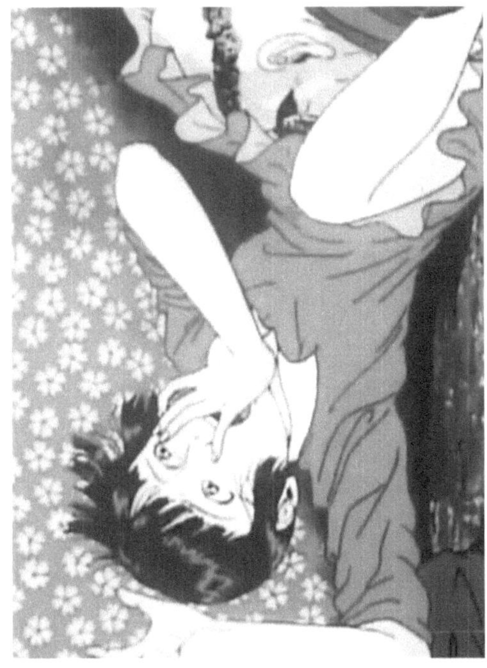

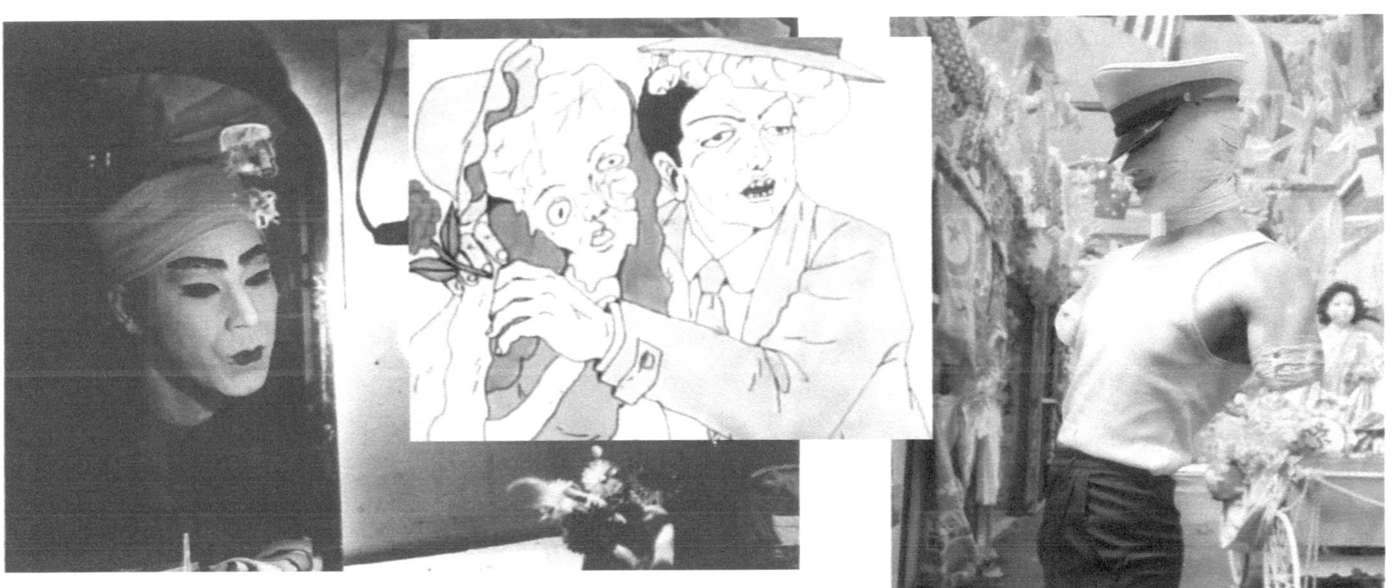

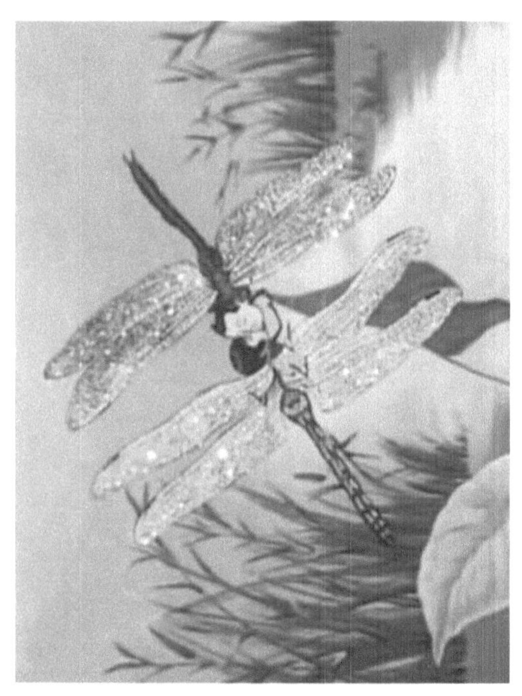

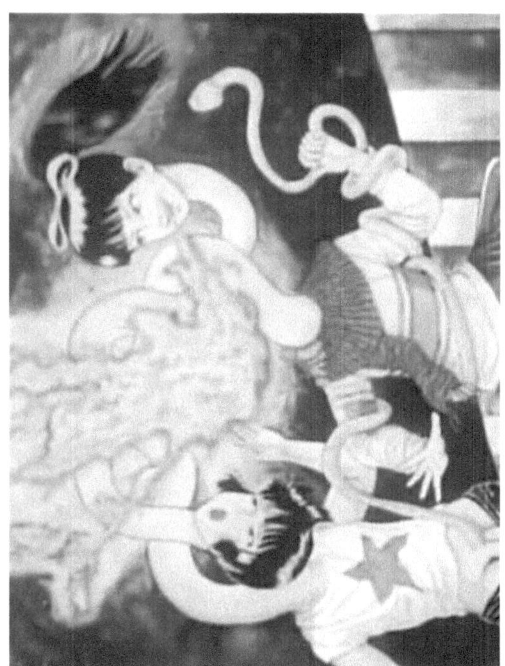

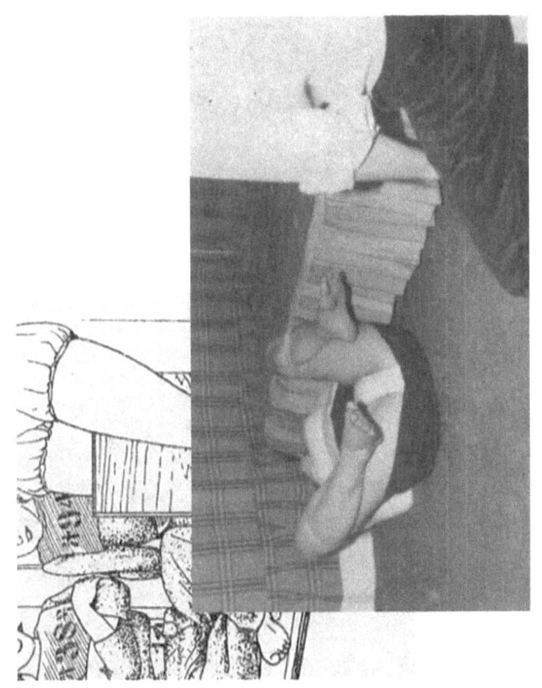

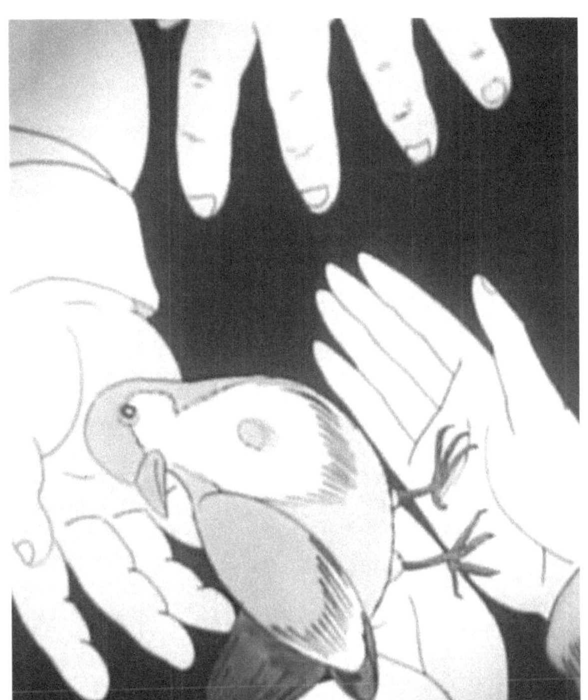

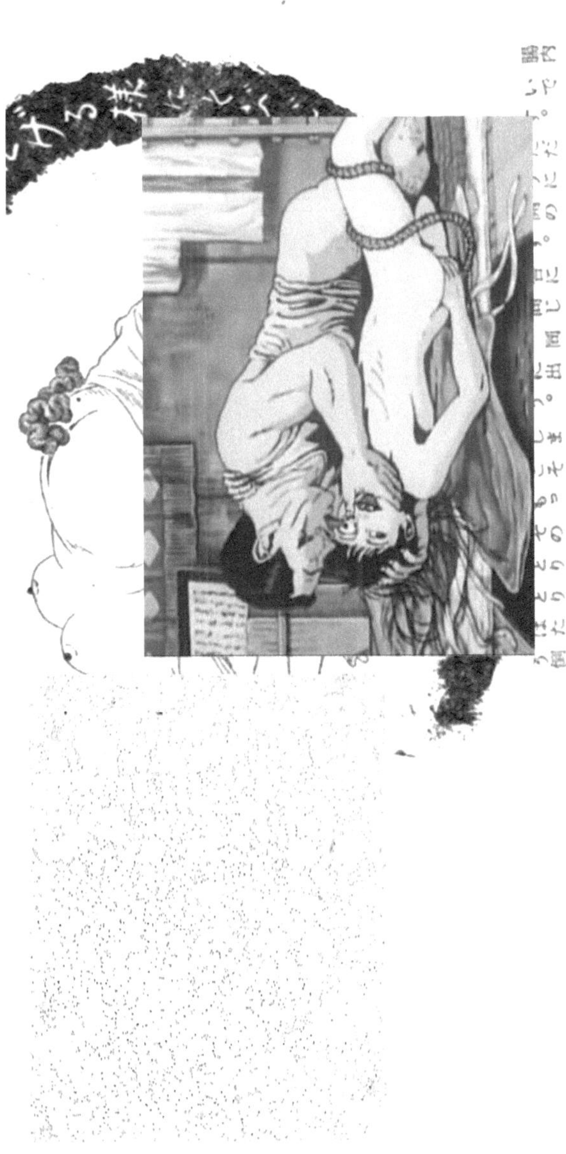

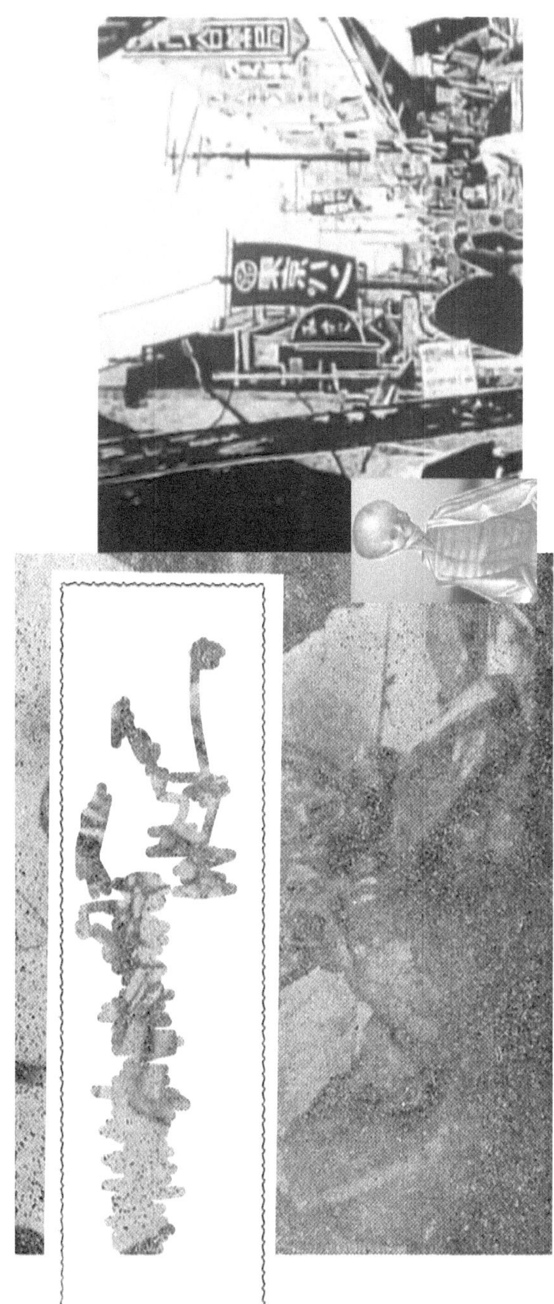

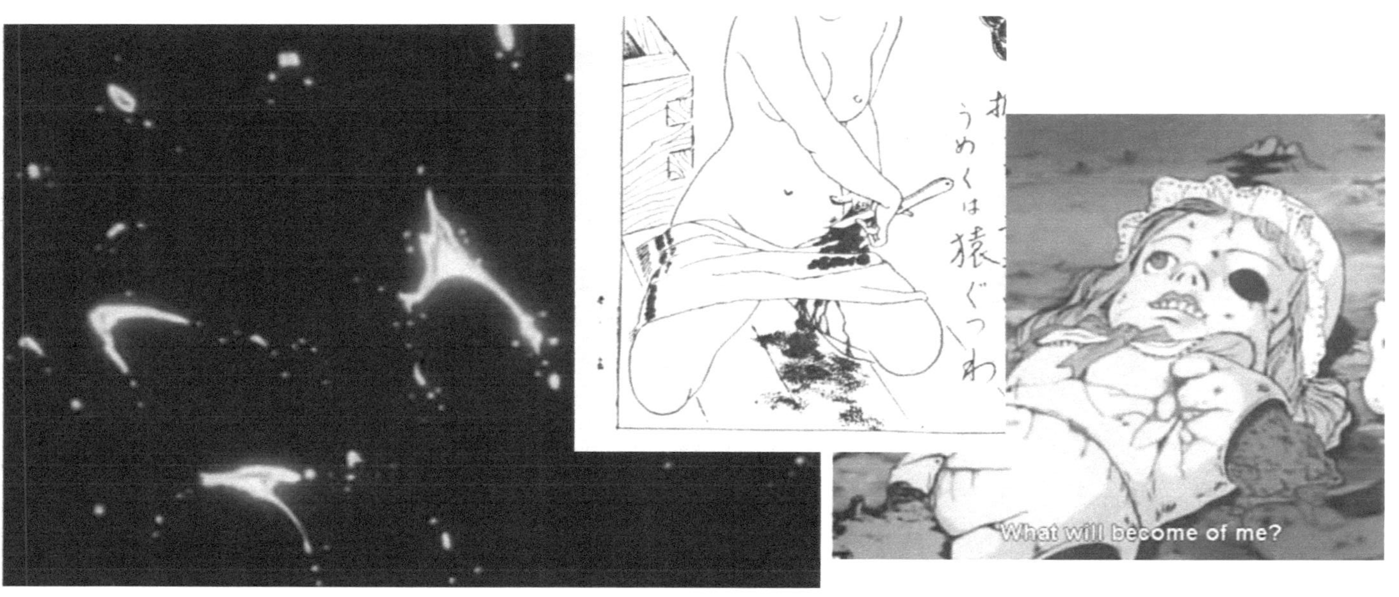
うめくは猿ぐつわ
What will become of me?

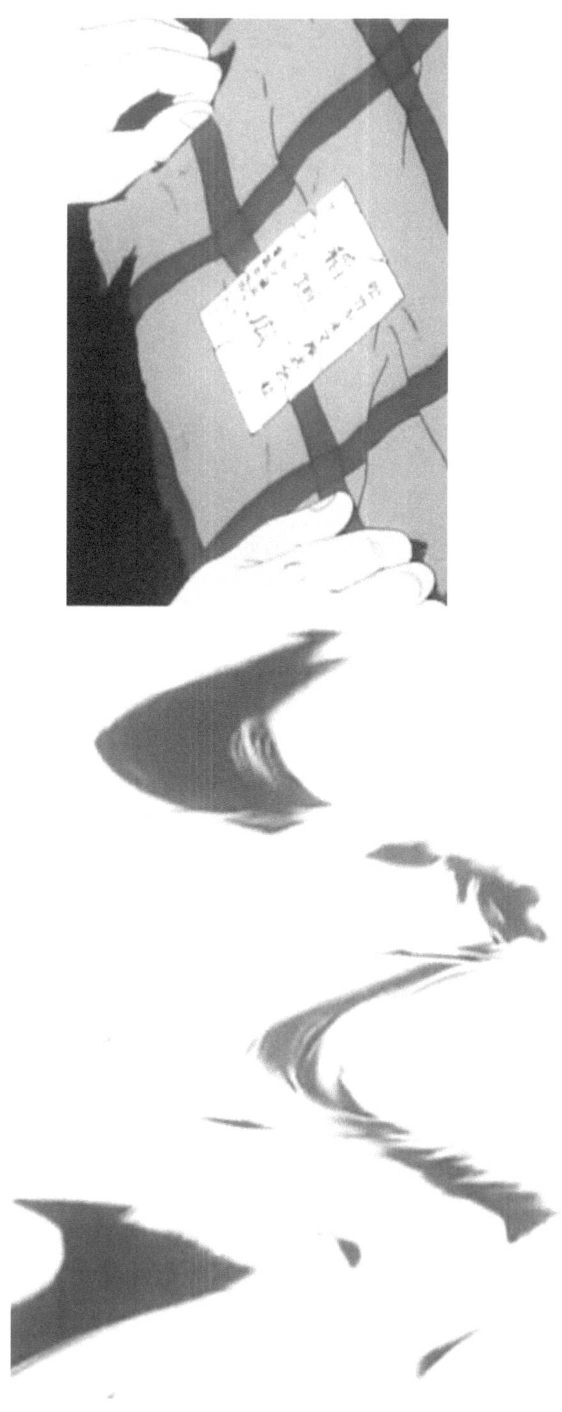

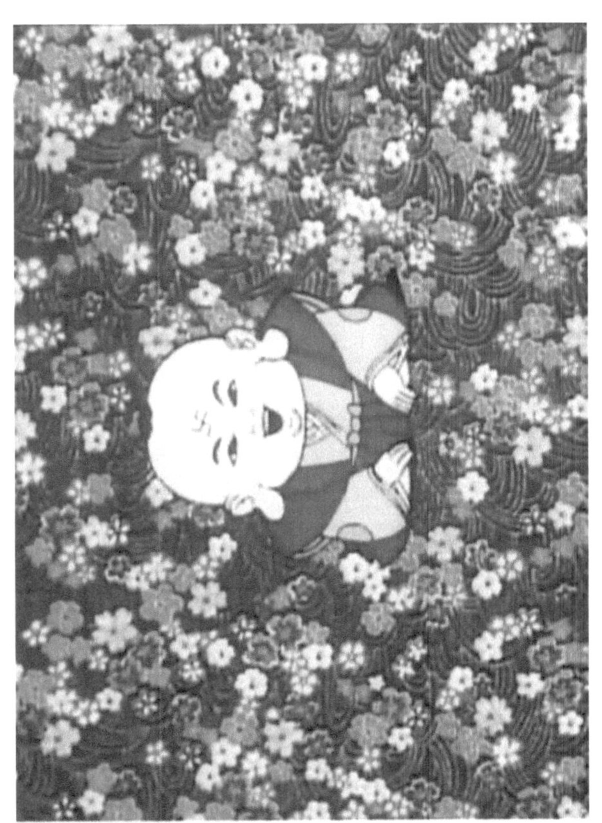

Magütt Publishing is an on demand publishing project. Magütt's Publishing development focuses on visual arts, theory and literature. With a broad spectrum of publishing initiatives, Magütt Publishing aims to outline a broad territory of investigation with the specific desire to encourage collaboration between authors coming from different practices and languages.
In order to make the authors themselves an organic part of the development of our project, Magütt does not set itself a specific territory of interest nor a univocal strategy with regarding the production of the books. We consider this open form to be the most suitable to interpret the different needs brought to us by the authors.

By sometimes using certain industrial systems for printing and distribution, Magütt makes it possible to realise certain publishing projects that would otherwise be economically unaffordable for us. We hope that in the future our project will find the economic conditions that are necessary to move our entire publishing production outside of the aforementioned systems.

Magütt Publishing è un progetto editoriale on demand. Lo sviluppo editoriale di Magütt si articola attorno alle arti visive, teoria e letteratura. Con un ampio spettro di iniziative editoriali, Magütt Publishing desidera tratteggiare un ampio territorio d'indagine con la precisa volontà di incoraggiare la collaborazione fra autori provenienti da diverse pratiche e linguaggi. Al fine di rendere gli stessi autori parte organica dello sviluppo del nostro progetto, Magütt non si prefigura uno specifico territorio d'interesse né una strategia univoca rispetto alla produzione degli stessi libri. Ritenendo la forma aperta la più adatta a interpretare le differenti necessità portate a noi dagli autori.

Avvalendoci, talvolta, per la stampa e distribuzione di alcuni sistemi industriali, Magütt rende possibile la realizzazione di alcuni progetti editoriali altrimenti economicamente per noi insostenibili. Speriamo, in futuro, che il nostro progetto possa trovare le condizioni economiche necessarie a spostare l'intera produzione editoriale al di fuori dei suddetti sistemi.

Author: Federica Zotti
Title: Midori, the camellia girl - Can an innocent little girl
survive in a world of monsters?

Designer: Federico Cacìa
Text by: Federica Zotti
Translation by: Federica Zotti
Editor: Federico Cacia, Francesca Ruberto, Marta Veronese
Typeface: Neue Haas Grotesk by Commercial Type

Published by: Magütt Publishing
Printed by: Edition On Demand

ISBN 9791221041460

www.ingramcontent.com/pod-product-compliance
Lightning Source LLC
Chambersburg PA
CBHW021958170726
47994CB00021B/975